パーフェクトレッスンブック

バスケットボール 試合で勝つチームディフェンス

監修 目 由紀宏
(東洋大学バスケットボール部 監督、ガウチョーズ監督)

実業之日本社

はじめに

「強力なディフェンスが備われば、必然的にオフェンス力はアップする」

ディフェンスで勝つ――。

これをベースに私はチーム作りを進めています。どうしてオフェンスではなくディフェンスなのかというと、チームに強力なディフェンスが備われば、必然的に個々の、そしてチームとしてのオフェンス力はアップしていくからです。

普段、ルーズなディフェンスで練習をしていたら、試合でディフェンスの強いチームと対戦した際に面くらってしまいます。ところがディフェンスの強いチームメイトと練習を積み重ねておくことで、いつもどおり、いやそれ以上の攻撃力をコート上で発揮できます。そして調子の波があるオフェンスと違い、ディフェンスは安定して力を

発揮できる、いわば「信頼できるプレー」です。だからこそディフェンス強化をチーム作りにおける最重要ポイントと考えているわけです。

ではどうすればディフェンス力を高められるか――。

一言に集約すれば、技術を高めながら心を鍛えるということです。練習を通じて理論を学ぶだけでは結果につなげられません。土壇場でひと踏ん張りできるハートの強さが必要です。逆に、頑張ろうとする気持ちだけでも空回りします。そこには普段から培われた技術が絶対に必要なのです。

そこで日本バスケットボールが推進する「マンツーマンディフェンス」で試合に勝つための練習法を紹介しようと思います。本書がみなさんのチームの強化につながれば、このうえない喜びです。

目由紀宏

Contents

第4章 ポストディフェンス　インサイドで得点されない 73

第5章 オンボールのスクリーンプレー　ボールがあるエリアでスクリーンを有効に使わせない 85

目次

第8章 ディフェンスリバウンド

第9章 ディフェンス強化スペシャルドリル集

バスケットボールコート図の名称

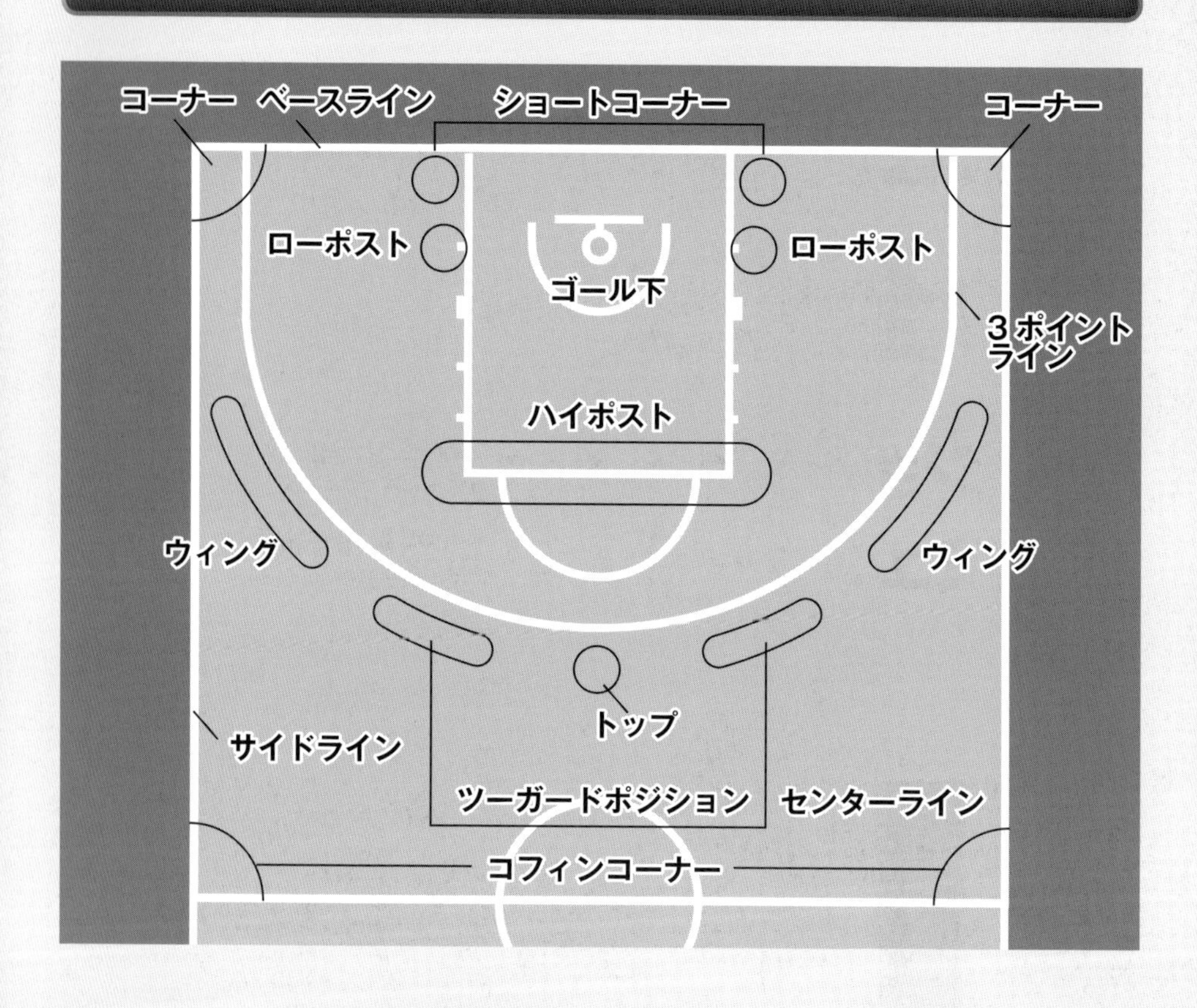

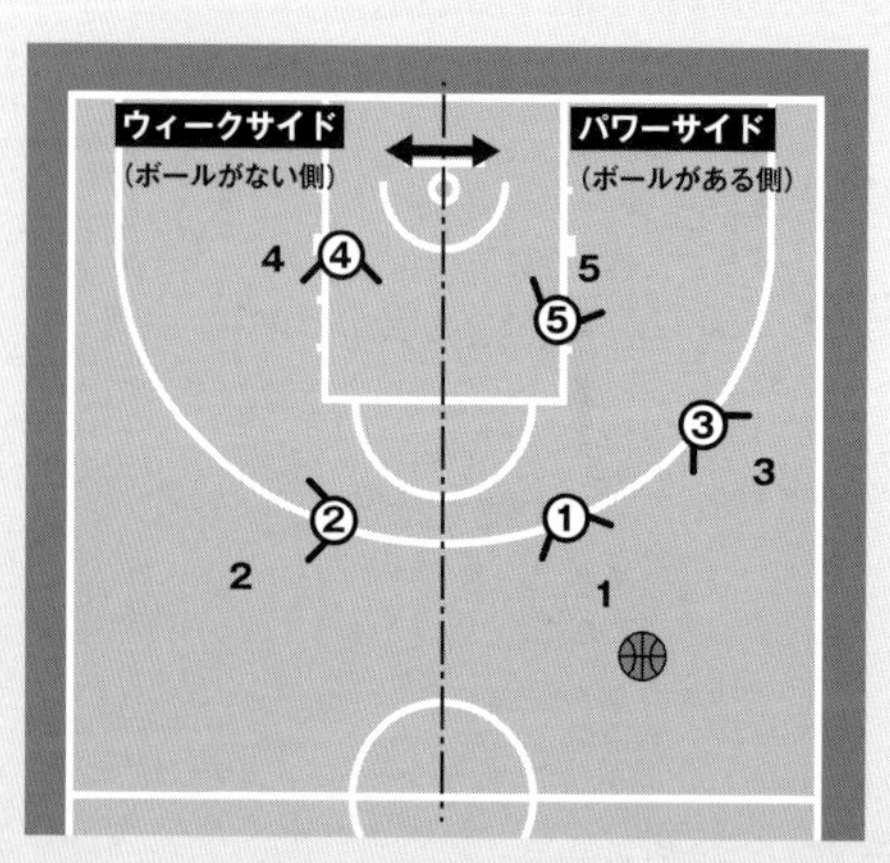

1 ～ 5 オフェンス
①～⑤ ディフェンス
ボール

第1章

チームディフェンスの全体像

ビジョン、ポジショニング、コミュニケーションの重要性

Team Defence

シェルディフェンス①全体像

4人のチームディフェンスで全体像をおさえる

4対4の練習が効果的な理由とは

マンツーマンディフェンスの基本は、「1対1」で守ることです。すなわちディフェンスが、自分のマークマンであるオフェンスをおさえるということです。そのためマンツーマンディフェンスの練習を始めるチームの多くは、「1対1の練習」だけに時間を使おうとします。第2章で紹介するそうした基本練習ももちろん欠かせませんが、みなさんにお勧めしたいの

TEAM RULE ウィークサイドのオフェンスに対するディフェンス
自分のマークマンとボールマンを指でさすことができる「ピストルポジション」をとります。「テール（尻尾）」とも呼ばれます（第1章 18 ページへGO！）。
TEAM RULE ツーガードポジションのオフェンスに対するディフェンス
ボールマンからパスが渡らないようにディナイしますが、ウイングに対するディナイとは少し異なります。次のページでも説明しましょう（第3章 52 ページへGO！）。
TEAM RULE ボールマンに対するディフェンス
ボールマンに対してワンアームアウェー（腕一本分）の間合いでプレッシャーをかけることを基本とします（第2章 28 ページへGO！）。

は「全体像をとらえる」ということです。

上の写真を見てください。これは4対4の「シェルディフェンス」という練習です。どうして5人ではなく4人かといえば、残る1人、インサイドのディフェンスだけはマークの仕方が独特で、それは分解練習として行うほうが効率的だからです（74ページ）。

そしてツーガードポージション、ツー（左右の）ウイングに4人がポジションをとるオフェンスが主流のため、シェルディフェンスが効果的なのです。この練習でアウトサイドのディフェンスを覚えることによって、「1対1の基本練習」がどうして必要なのかがはっきりとわかるはずです。写真のなかでそれぞれの役割を説明しましょう。

シェルディフェンス②ポジショニング

ツーガードポジションにボールがある時のポジショニング

TEAM RULE ボールラインとは

ボールがある位置からコートを横断して引く架空のライン。このボールラインとの位置関係によってディナイのポジションニングは変わります。

ボールラインより高いか低いかを確認する

前のページではツーガードポジションの右側の選手がボールマンでした。ここでは左側の選手がボールマンになっていて、下の写真はそれを斜め上から撮影したものです。

ここで着目したいのは、ディナイする2人のディフェンス②と③の「ポジショニング」です。ボールがある位置からコートを横断して引く架空のラインのことを「ボ

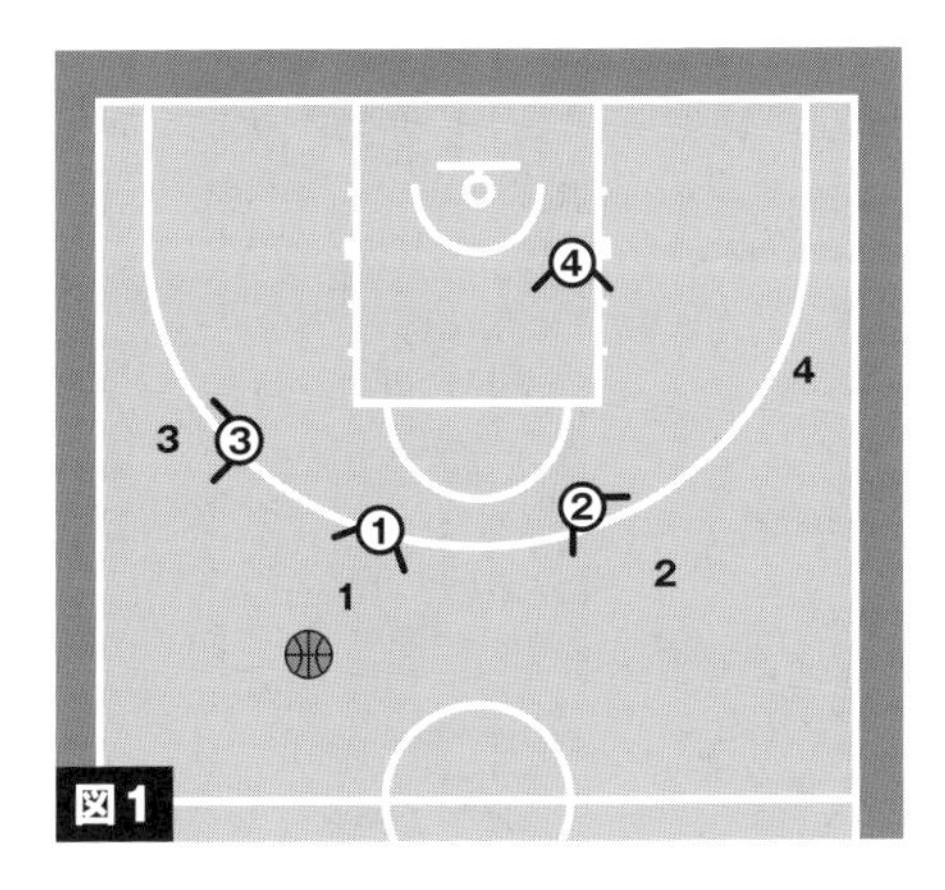

図1

ボールライン上、または高い位置

逆サイドのツーガードポジションのオフェンスがボールライン上、もしくはボールラインより高い位置（センターライン側）にいる場合、ディフェンスはボールマンに寄ってディナイします。

TEAM RULE

ボールラインより低い位置

パワーサイドのウイングのオフェンスがボールラインより低い位置（ゴール側）にいる場合、ディフェンスはワンアームアウェー（腕一本分）の狭い間合いでディナイします。

ールライン」といいますが、それとの位置関係によってポジショニングが変わってきます。

ボールライン上か、ボールラインより高い位置（センターライン側）にいるツーガードポジションのディフェンス②は、ボールマンに寄ってポジションをとれるように、自分のマークマンとの間合いを広めにとっています。これはボールマンのドライブを警戒するためです。

一方、パワーサイドのウイングのディフェンス③はボールラインより低い位置（ゴール側）にいるため、ワンアームアウェー（腕一本分）の狭い間合いでディナイしています。ボールマンの両隣のディフェンス、すなわちディナイする選手はこの距離のとり方を強く意識するようにしましょう。

シェルディフェンス③チェーンディフェンス

ウイングにボールがある時の陣型

正面から

TEAM RULE ウイングにパスが渡ると…

ディフェンス③がボールマンプレッシャーをかけ、隣のディフェンス①がディナイ。残る２人②と④がピストルポジションとなります。

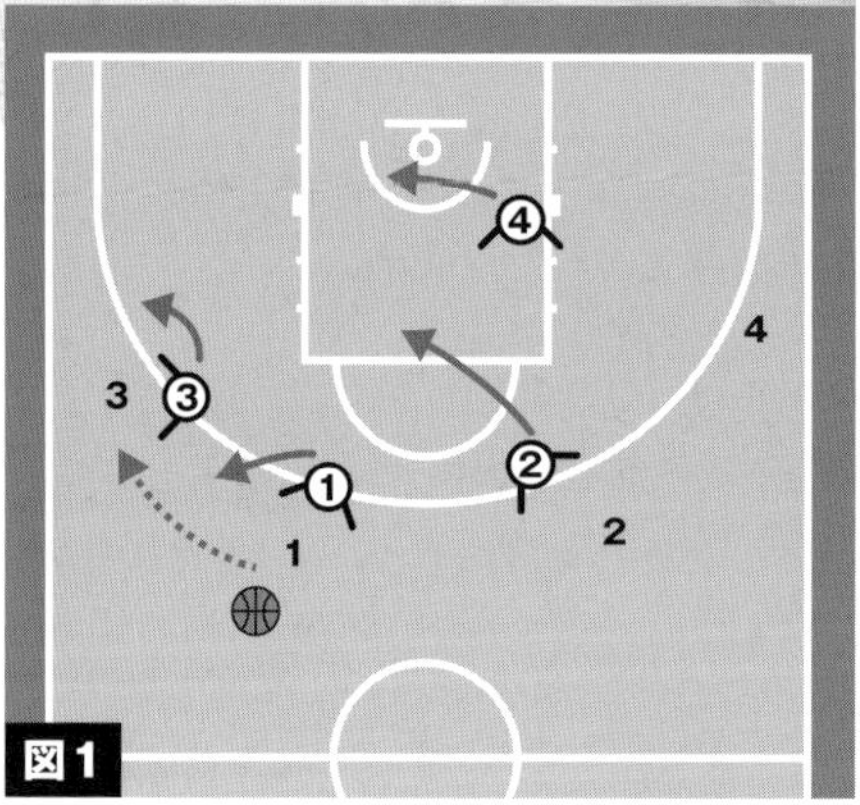

図１

４人が鎖でつながり距離感が変わらない

ボールがウイングに渡った時のディフェンス陣型です。ボールマンプレッシャーをかけるディフェンス③は、ミドル（コート中央側）をドリブルさせない「ノーミドル」を基本とします（32ページ）。

そして隣のディフェンス、すなわちパワーサイドのツーガードポジションのディフェンス①はディナイします。ボールラインより高い位置にいるため、ボールマンに

斜めから

TEAM RULE 試合での注意点

ただし試合でテール（ゴール下の選手）は、制限区域のライン付近までマークマン（ウイング）に寄ります。この写真は４人のシェルディフェンスにおけるポジショニングです。

TEAM RULE チェーンディフェンスとは

４人がチェーン（鎖）でつながっているイメージを持ち、パスが展開されてもお互いの距離感が変わらないように意識します。それが攻撃にスペースを与えないチームディフェンスとなります。

寄ってのディナイとなります。

さらに残る2人②と④はともに、ピストルポジションをとり、ボールマンとマークマンを指さします。

ウイングにパスが渡ったこの状況で大事なことは4人のディフェンスが連動することです。別の表現をすると、4人が「鎖（くさり）」でつながっていてその距離感を基本的に変えないように意識するということです。このチームディフェンスの原則を「チェーン（鎖）ディフェンス」といいます。

この4人が鎖ではなく、ゴムみたいにのびたり縮んだりして距離感が大きく変わるようなチームディフェンスではスペースがたくさんできてしまい、相手に攻撃されるわけです。

シェルディフェンス④ドライブへの対応

ベースラインドライブを2人でおさえる

TEAM RULE ベースラインドライブを想定内に

ボールマンをコーナー方向に追いつめるのが理想ですが、ゴール方向にベースラインドライブされることも頭のなかに入れておくことが大切です。なぜならボールマンのディフェンス③は、ノーミドルで方向づけしているからです。

ゴール下のディフェンスはボールマンのコースに入る

ウイングのディフェンス③は、ボールマンをベースライン方向、特にコーナー方向に追いつめるのが理想です（32ページ）。しかしスピードのあるボールマンにゴール方向にドライブされることも想定しておく必要があります。

【写真1】 ウイングのボールマンがドライブを開始し、③がまず対応します。それとともに「チェーンでつながる」他3人のディフ

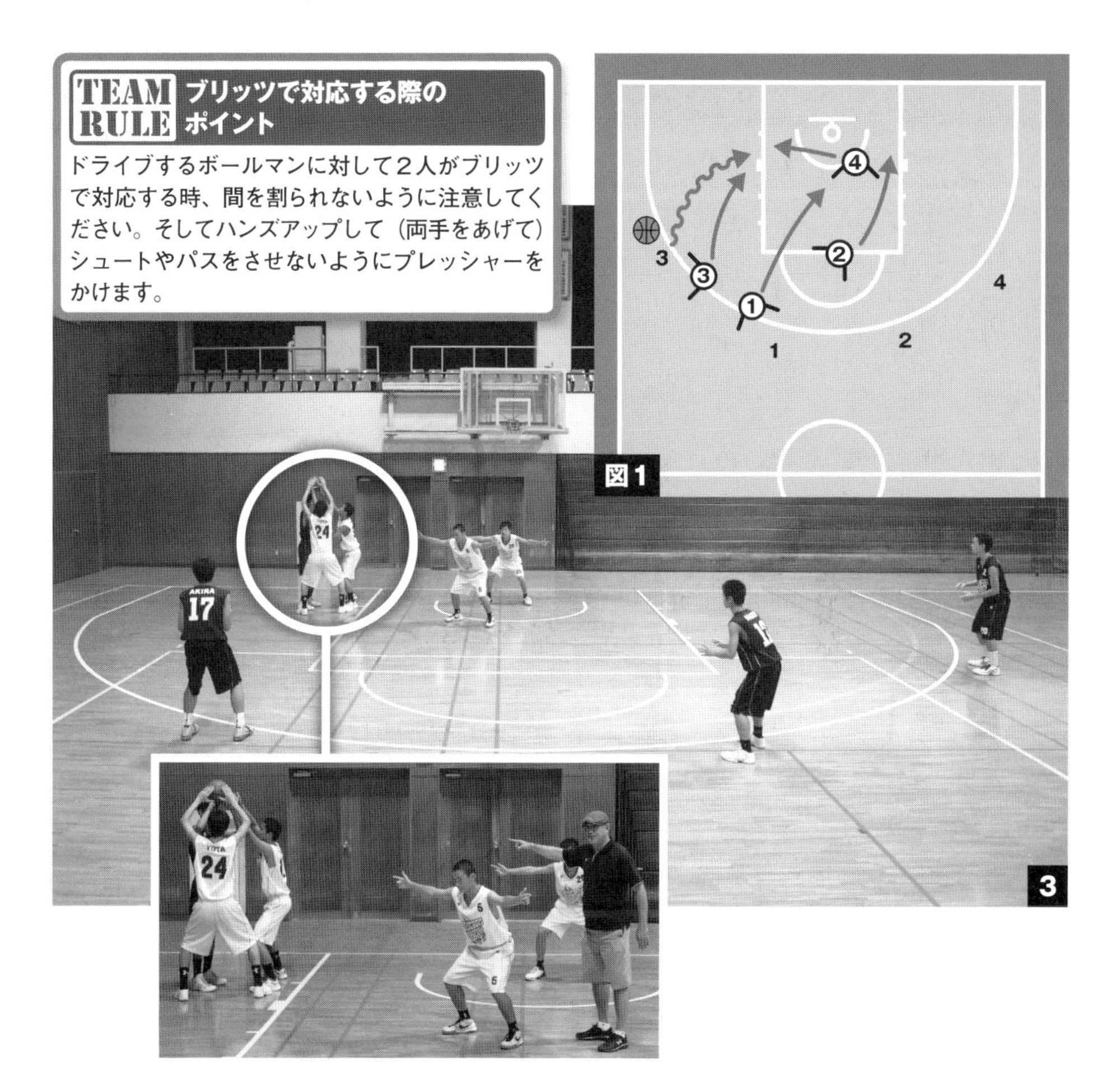

TEAM RULE
ブリッツで対応する際のポイント
ドライブするボールマンに対して２人がブリッツで対応する時、間を割られないように注意してください。そしてハンズアップして（両手をあげて）シュートやパスをさせないようにプレッシャーをかけます。
図1
3
4
1
2
AKIRA
17
24
3

エンスも距離感が崩れないようにポジションを修正します。

【写真2】 ボールマンが制限区域に入る勢いでドリブルしてきます。そこでテール、すなわちゴール下のディフェンス④はボールマンのドリブルコースに寄ります。

【写真3】 制限区域に入ろうとするボールマンをテール④がヘルプして食い止め、ボールマンのディフェンス③と協力して2人がかりでプレッシャーをかけます。これを「ブリッツ（※攻撃するという意味）」といいます。さらに他の2人①と②はゴール方向に下がってピストルポジションをとります。これを「ダウンローテーション（68ページ）」といいます。アウトサイドへのパスをケアしつつ、ゴール方向に走り込む相手に対応する準備をするのです。

シェルディフェンス⑤コミュニケーション

アウトサイドにパスが渡った時の対応

コミュニケーションで素早く反応して動く

ドリブルを止めたボールマンが、パワーサイドのツーガードポジションにパスをさばいた時のチームディフェンスを見てみましょう。

【写真1】 ボールマンがパスを出した瞬間、ブリッツしていた2人③と④は「（パスが）飛んだ！」など、パスが飛んだことを知らせます。この声、いわゆる「コミュニケーション」がとても重要です。

TEAM RULE 目で追うのではなく体を開く

ブリッツの上の③は、ボールが飛んだ瞬間、目でボールを追ってしまいがちです。しかしそれでは動きとして遅くなってしまいます。大事なのは体を開いて動きながら、ビジョンを確保することです。このような体の使い方を習慣づけてください（186 ページ）。

【写真2】 パスが飛ぶと同時にブリッツの上の選手、すなわちボールマンについていた③が体を開いてビジョンを確保します。ブリッツの下の選手、すなわちヘルプに入った④はボールマンだった相手をゴールに近づかせないようにロックします。そして動き出す3人①②③のトライアングルのうち、頂点の①がボールマンに寄っていきます。この選手を「フリーマン」といい、ボールマンとの間合いを一気につめるプレーを「クローズアウト」といいます（44ページ）。

【写真3】 ②と④はディナイしてボールを持たせないようにし、③はピストルポジションをとります。

【写真4】 シェルディフェンスの基本型に戻り、相手にプレッシャーをかけます（14ページ）。

シェルディフェンス⑥V・P・C

ウィークサイドのツーガードポジションにパスが展開された時

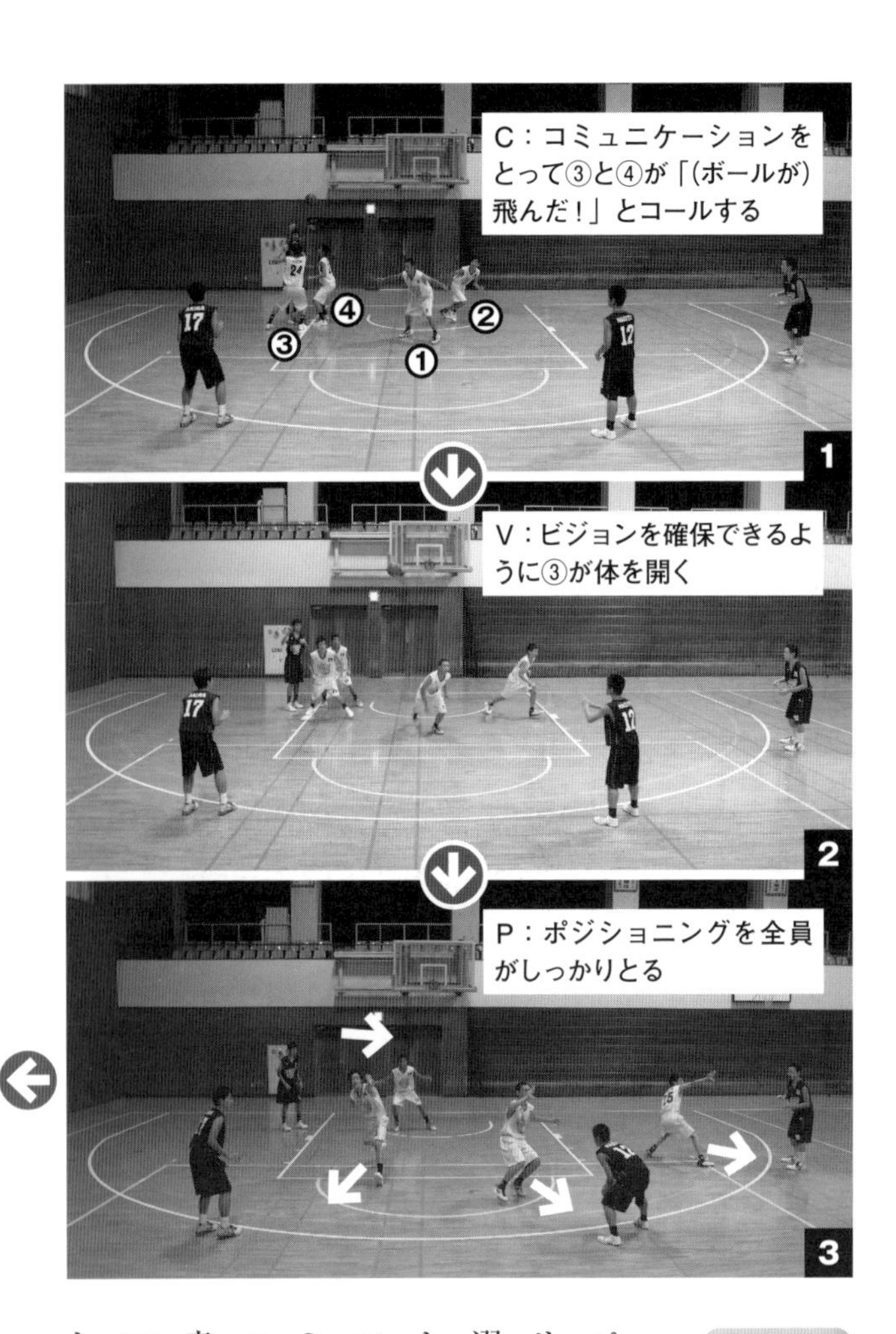

シェルディフェンス成功の鍵は「V・P・C」

ドリブルが止まった後のパスがパワーサイドではなく、ウィークサイドのツーガードポジションの選手に渡っても、前ページと同じような対応になります。ビジョン（V）、ポジショニング（P）、コミュニケーション（C）、この3つのチームルール「V・P・C」を意識して写真を見てみましょう。

［写真1］ ボールマンがパスを出した瞬間、ブリッツの2人③と④

TEAM RULE
相手にも声が聞こえるように
V・P・Cのうちのコミュニケーション、すなわち「声」はチームメイトだけでなく、オフェンスにも聞こえるくらい大きく出すようにしましょう。「ディナイした！」「カバーいるよ！」とチームメイトに伝える声をオフェンスが耳にするとプレッシャーとなり、動きが止まるからです。ちなみに攻撃している時に声を出すと、狙いがばれるので気をつけましょう。
図1
4

は「（パスが）飛んだ！」とコールしてコミュニケーションを図り、まわりに伝えます。

【写真2】 ブリッツの上にいたディフェンス③は、ビジョンを確保できるように速やかに体を開きます。

【写真3】 フリーマン①がクローズアウトし、相手をロックしていた④はピストルポジションをとります。他の2人のディフェンス②と③はディナイします。

【写真4】 4人が連動して、シェルディフェンスのポジショニングをとります。

もしシェルディフェンスがなかなか機能しない場合は、練習や試合のなかでこのV・P・C（ビジョン、ポジショニング、コミュニケーション）を再確認して修正してみましょう。

シェルディフェンス⑦スキップパスへの対応

逆サイドのウイングにパスを飛ばされた時

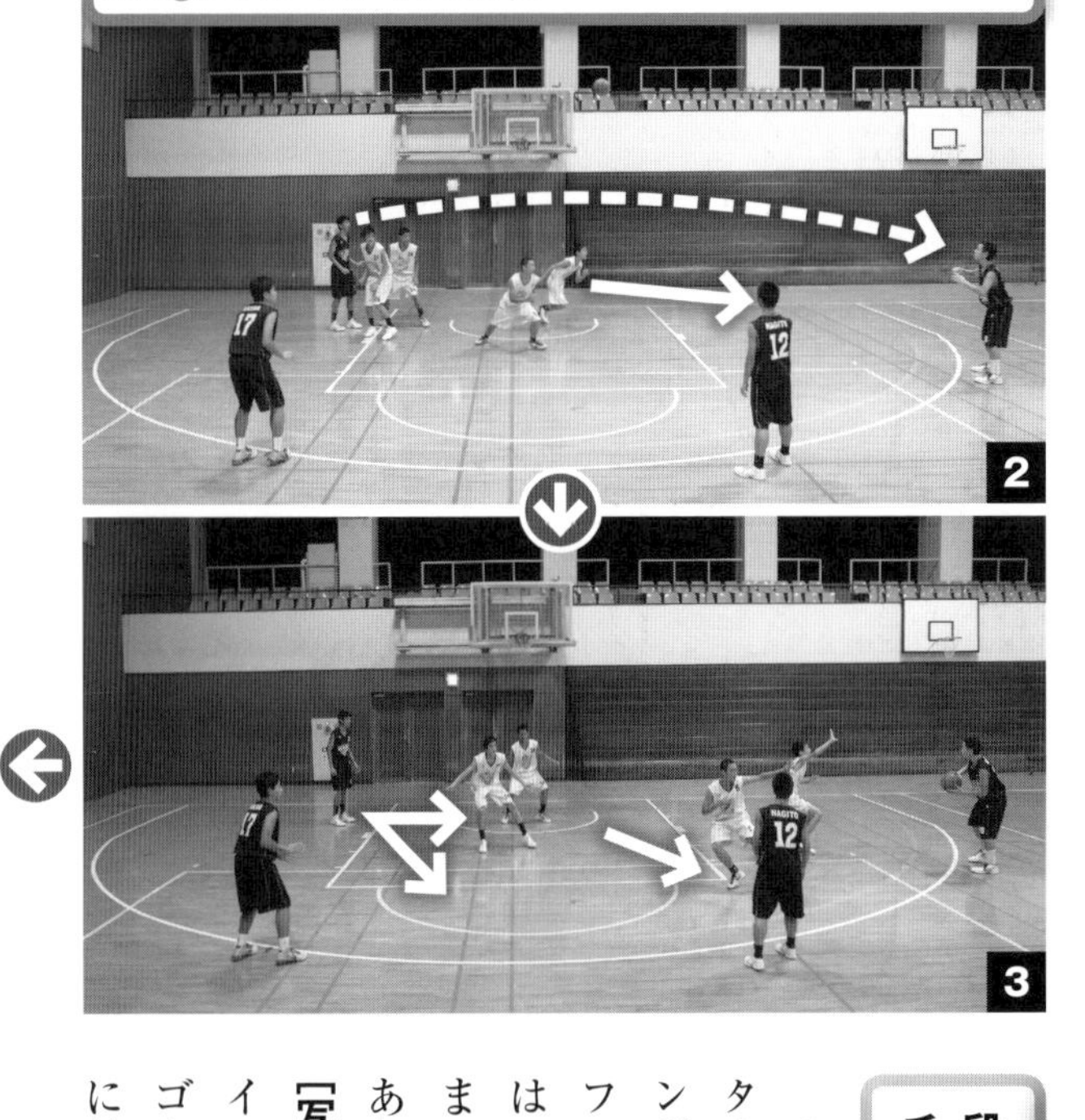

TEAM RULE　逆サイドのスキップパスに対して

逆サイドへのスキップパスの場合、フリーマンの①ではなく、テールの②がクローズアウトします。

段階を踏んでシェルをチームの武器としていく

シェルディフェンスの最後のパターンは、ウィークサイドのウイングへのスキップパスです。ディフェンスとしては絶対に出させてはいけないパスですが、通ってしまったケースに備えておく必要はあります。

【写真1、2】 ウィークサイドのウイングにパスが飛ばされた場合、ゴール下のテール②がボールマンに対してクローズアウトします。

TEAM RULE シェルディフェンス練習の3段階

まずはアウトサイドでまわすパスに対してポジショニングを正確にとれるようにします。そしてパスのテンポを少しずつ速め、さらにドリブルを入れてブリッツをできるようにします。

【写真3、4】 隣のディフェンス①はディナイ、そしてブリッツの2人の③と④は速やかに体を開き、ピストルポジションをとります。

シェルディフェンスの基本はここまでです。最初は速さを要求せず、アウトサイドでまわすパスに対してポジショニングを正確にとれるように練習します。それができたらパスのテンポを少しずつ速めていきます。次にドリブルを入れてブリッツをできるようにします（18ページ）。

さらにボールを動かさず、ポジションチェンジするオフェンスにも対応できるようにするのがシェルディフェンスの狙いです。このように段階を踏んでシェルディフェンスをチームの武器として備えましょう。

Column

ディフェンスをレベルアップさせるキーワードは「V・P・C」

自分のことだけでなくまわりのことも考える

シェルディフェンスに限らず、ディフェンスの練習では「V・P・C」を常に意識するようにしましょう。

「V」（Vision）…視野を確保できていますか？　自分のマークマンだけでなく、コート全体がどのような状況になっているか視野に入れたうえで自分がするべきディフェンスを判断できることが理想です。時にはマークマンだけを見なければならない瞬間もあります。それでもすぐに視野を確保できるように意識してください。

「P」（Positioning）…自分のマークマンをおさえることができ、しかもボールマンの突破にもヘルプできるポジションをとれていますか？　時にはヘルプしたチームメイトをさらにカバーできるポジションをとる必要もあります。ボールがある時だけでなく、ボールがない時でも常にポジショニングを意識しましょう。

「C」（Communication）…試合でも聞こえるような大きな声を出していますか？　チームメイトにしてほしいことを伝えるだけでなく、自分がどういうディフェンスをするか、しっかりとまわりに伝えることも大切です。それによってチームメイトも、それぞれマークマンをケアしながらチームディフェンスを機能させることができるのです。

第2章

1対1

ボールマンプレッシャーをかける

One on One

シュート、ドリブル、パスに対応する

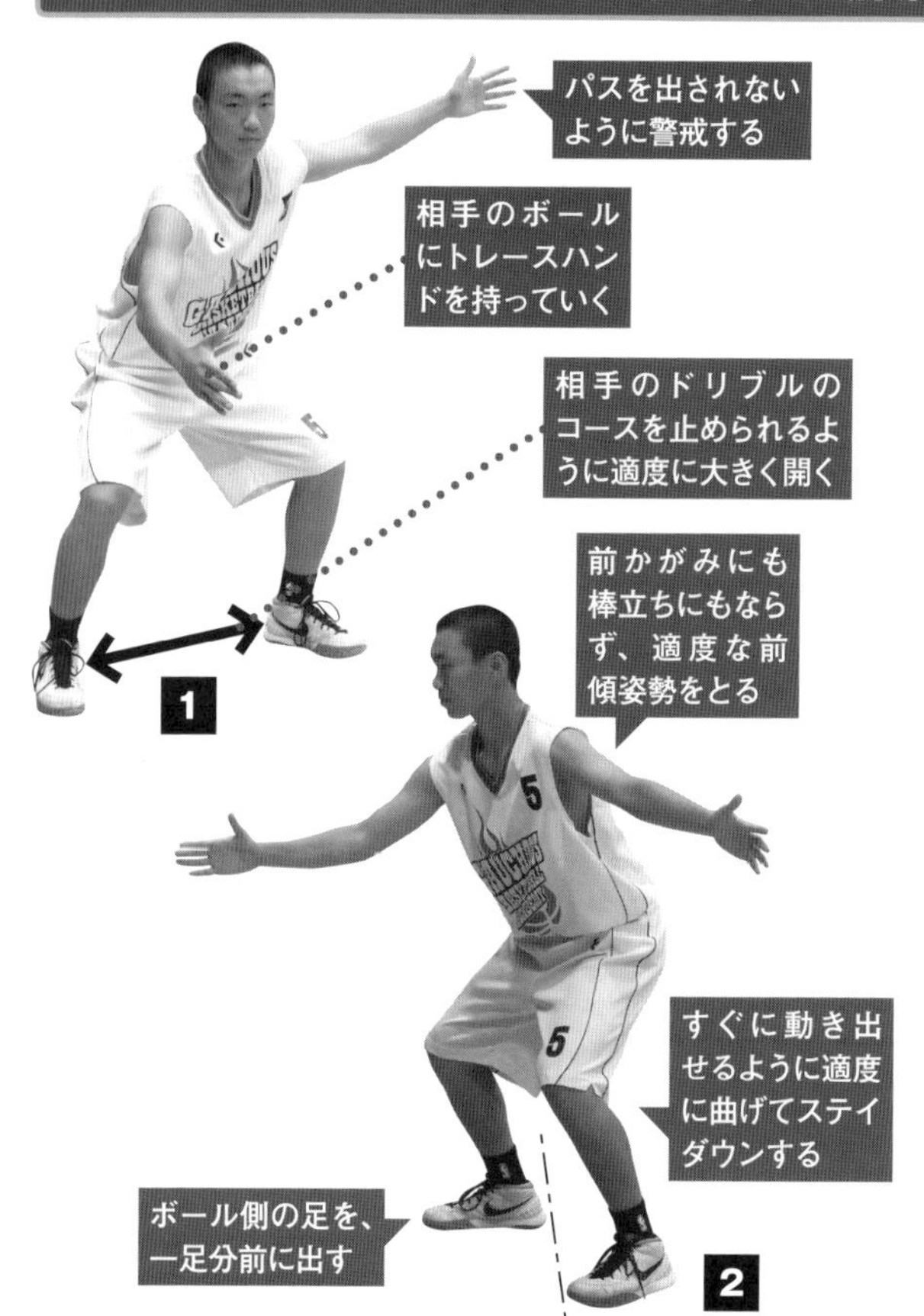

アウトサイドはかかとをあげ インサイドはかかとをつける

まずはディフェンスの基本姿勢を覚えて習慣にしましょう。大事なことは、適度に低い姿勢をとり続けることです。これを「ステイダウン」といいます。姿勢が高いとボールマンの動きについていけず、逆に極端に低過ぎても動き出しが遅くなります。したがって自分にとってすぐに動き出せるくらいにステイダウンしてください。

さらに細かくいうと、スピード

ボールマンがシュートを打とうとする場面

TEAM RULE 試合を通して基本姿勢をキープする

この基本姿勢をとることは、さほど難しいことではありません。しかし試合で激しい動きを続けていると疲れてきて、ひざが曲がらなくなり姿勢が高くなってしまうものです。そうならないように普段からディフェンス練習を大事にし、基本姿勢をとり続けられる心技体を備えてください。

が要求されるアウトサイドでは、両足のかかとをフロアーにつけず、足の前側で素早く動けるようにしておくことがポイントです。逆にゴール下などインサイドで力強さが要求される場面では、両足のかかとをフロアーにつけて、相手に当たり負けないような基本姿勢をとる必要があります。

[写真1、2] そうしてボールマンがドリブルを始める場合には、ボールに近いほうの手を持っていきプレッシャーをかけます。これを「トレースハンド」といいます。もしボールマンがパスを狙っているようなら、逆の手も使いパスを出させないようにします。

[写真3、4] ボールマンがシュートを打つ場合にはそのトレースハンドをあげて対応します。これを「ハンズアップ」といいます。

1対1②間合い

状況に応じて適度な間合いをとる

主にインサイドの間合い「クッションアウェー」

TEAM RULE ボールマンのロールに注意

このクッションアウェーは主にインサイドでの間合いのとり方ですが、試合状況や選手の特性によってはアウトサイドでも使えるディフェンスです。使う際には、ボールマンにロール（ディフェンスを軸に回転）されないように特に注意してください。そのためにも両足を大きく開くことが大切です。

腕一本分の間合いワンアームが基本

実際にボールマンを立てて、基本姿勢をとってみましょう。そこで浮上するテーマが、ボールマンとディフェンスとの「間合い」です。写真1と写真2を見比べてみてください。

【写真1】 このようにボールマンにくっつくような間合いを「クッションアウェー」といいます。片方の手（写真では右手）をクッションのようにしてボールマンとコ

間合いの基本となる「ワンアームアウェー」

TEAM RULE ボールマンがスウィングする時の対処

ワンアームの間合いでトレースハンドを出しているとボールマンは、ボールを左右に振る「スウィング」でディフェンスの手を切ろうと（どかそうと）します。その時にディフェンスがトレースハンドを無理に継続しようとするとファウルをとられる危険性があります。そこでボールの移動に応じて、トレースハンドの手を左右でさっと変える技術が求められます。

ンタクトします。この腕のことを「アームバー」といいます（78ページ）。これは主にインサイドでの間合いのとり方です。

【写真2】 間合いのとり方の基本は、この「ワンアームアウェー（以下ワンアーム）」です。その言葉どおり腕一本分の間合いをとるということです。

どうして相手をコンタクトして封じられるクッションアウェーではなくワンアームが基本かというと、ドリブルを警戒する必要があるからです。スピードを備えた相手に対してくっついてディフェンスしていたら簡単にドリブルで抜かれてしまいます。そこで適度な間合いをとるわけです。言い換えるとディフェンスがスピードを備えている場合、ワンアームより間合いをつめられるわけです。

1対1③ディレクション

サイドラインやベースライン方向に誘導する

ファウルラインより高い場合、サイドライン方向にディレクションする

TEAM RULE 中央突破されると多彩な攻撃を許す

「ノーミドル」を基本とする理由は、ドリブルで中央突破されるとシュートやパスなど多彩な攻撃を許すことになるからです。それを許さないようにボールマンに対するディフェンスがディレクションすると同時に、他のチームメイトはヘルプする準備を忘れないように。それだけに第1章のシェルディフェンスが重要です。

ファウルラインを基準にディレクションを整理

相手を一定方向に誘導するディフェンスのことを「ディレクション（方向づけ）」といいます。写真と図を合わせて見ていきましょう。

【写真1／図1】 ツーガードポジションにおけるディレクションです。このようにファウルライン（フリースローラインを延長した架空のライン）より高い場合、ボールマンをサイドライン方向へとディ

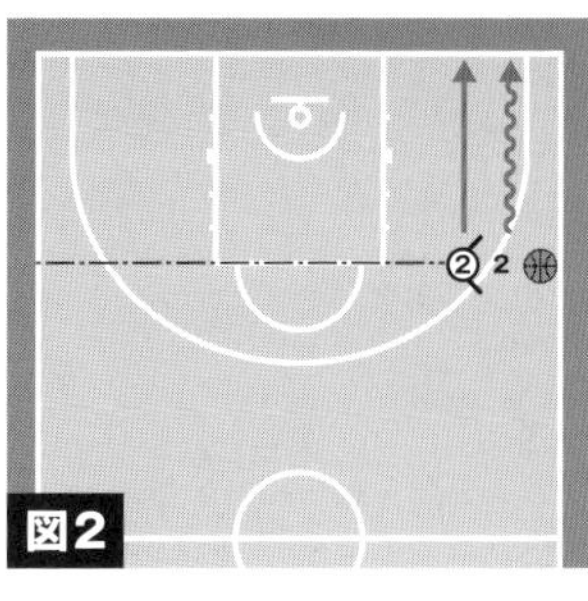

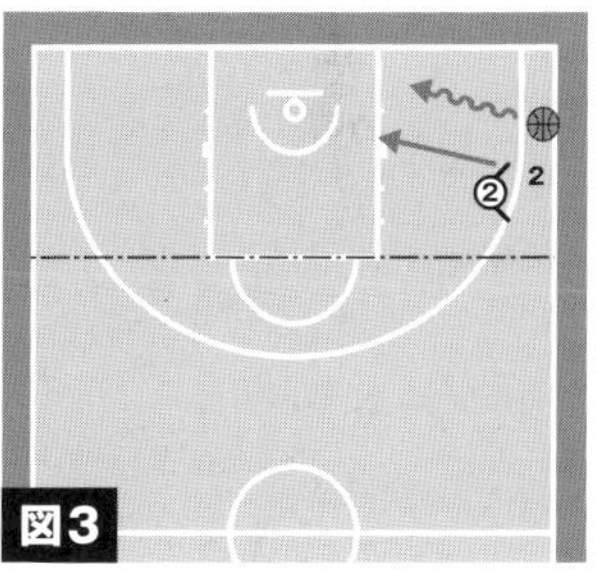

レクションします。

【写真2／図2】ウイングにおけるディレクションです。このようにファウルライン上またはファウルラインより低い場合、ボールマンをベースライン方向へとディレクションします。

【写真3／図3】コーナーにおけるディレクションも同様にベースライン方向、細かくいうとゴールからの角度がないエリアへとディレクションします。

このようにコート中央へと行かせないディレクションのことを「ノーミドル」といいます。相手にプレーの選択肢を与えないノーミドルが基本となりますが、大きなセンターがいる方向にドリブルされたくない時など、逆方向にディレクションするケースもあることを覚えておきましょう。

フットワーク①サイドステップ

両足を交差させずについていく

進行方向の足を踏み出し逆足でフロアーを蹴る

ツーガードポジションのボールマンに対しディフェンスが、サイドライン方向にディレクションしているシーンです。ディフェンスとしては両足を交差させない「サイドステップ」を踏みながら、相手をゴールへと向かわせないようにディフェンスするのが基本です。

【写真1】 ボールマンの動きに合わせてディフェンスは、進行方向

4

TEAM RULE　体の中心に相手をとらえる

ディフェンスは、自分の体の中心にボールマンをとらえることが大切です。いい換えると、ボールマンとゴールを結んだ架空のライン「ゴールライン」にポジションをとることを基本としながら、ボールマンに対応できるようにサイドステップを踏むのです。

の足（写真では右足）を踏み出します。

【写真2】 ほぼ同時に逆足（写真では左足）でフロアーを蹴って、基本姿勢に戻ります。その際に両足を閉じると相手に抜かれるので気をつけてください。

【写真3】 さらにボールマンをサイドライン方向に誘導できるように進行方向の足を踏み出し、サイドステップを継続します。

【写真4】 ノーミドルを意識しながら、ボールマンを体の正面でとらえます。

　注意しなくてはならないのは、ディフェンスがボールマンより先に進んでしまうことです。そうするとボールマンにロールされるなど方向転換されて、ゴール方向にドリブルされるので気をつけるようにしましょう。

フットワーク②サイドステップによる動き方

日常生活では行われない動きを練習で身につける

頭が上下動しないようにサイドステップを踏む

前のページで紹介したサイドステップを正面から見てみましょう。普段の練習で行う際に参考にして行ってみてください。

【写真1】 ボールマンが目の前にいることをイメージし、基本姿勢をとります。

【写真2】 基本姿勢から進行方向の右足を踏み出し、ほぼ同時に逆足の左足でフロアーを蹴ります。

【写真3】 右足と左足を、同じ距

TEAM RULE
お勧め練習は サイドキックの動き

この写真のような格好を左右交互に行う「サイドキック」という動きがあります。左右交互にフロアーを蹴りながら移動することによって、サイドステップに求められる脚力が備わります。ディフェンスの基本を覚える段階としては、ぜひともお勧めしたいハビット（習慣づけ）ドリルです。

離動かしながら、基本姿勢が崩れないようにします。つまり両足が閉じたり（NG写真参照）、極端に大きく開いたままの状態にならないということです。

【写真4】 たとえ疲れてきても低い姿勢を維持し、頭が上下動しないように意識してサイドステップを継続してみましょう。

「スライドステップ」ともいわれるこのような動きは、日常生活ではほとんど行われません。それだけに練習を通じて身につけなければ備わらない動きなのです。そのためにお勧めしたいのが、両足交互に左右にキックする「サイドキック」です。その基本動作を繰り返すことによって、サイドステップに必要な脚力、またはフロアーを蹴る力が備わります。ぜひ、取り入れてみてください。

フットワーク③方向転換への対応

フロアーを蹴る足とトレースハンドを切り換える

たとえ奪えなくても時間をかけさせる

ノーミドルで狭いほうに誘導したいディフェンスに対してボールマンは、ドリブルの方向を換えて攻撃を展開しようとします。そのようなケースでのフットワークおよび体の使い方です。

【写真1】 ボールマンに対してディフェンスは、サイドステップを踏みながら右手をトレースハンドにしてプレッシャーをかけているシーンです。

TEAM RULE 手と足の動きを連動させる

ドリブルの方向転換を図るボールマンに対しディフェンスは、フロアーを蹴る足を左足から右足に、そしてトレースハンドを右手から左手へと切り換えます。その時に手と足の動きをほぼ同時に行い連動させることによって素早くドリブルのコースに入り、さらにノーミドルのディレクションができます。フロアーを強く蹴りながらトレースハンドを左右変える動作を練習してみてください。

【写真2】 サイドラインが迫り、狭いエリアに誘導されそうなボールマンがドリブルの方向を換えようとします。それに対してディフェンスはサイドライン方向に行きすぎないようにし、体の正面で相手をとらえます。

【写真3】 ボールマンがミドル側にドリブルで進もうとした瞬間、ディフェンスは左足をコースに踏み出すとともに右足でフロアーを強く蹴ります。そうしてトレースハンドを左手に切り換えます。

【写真4】 ディフェンスは、ボールマンがミドルに進まないように再びディレクションし、プレッシャーをかけます。

たとえ相手からボールを奪えなくても、ボールマンに時間をかけさせるだけでもディフェンスの成功です。

フットワーク④クロスステップからサイドステップに

ボールマンのスピードを感じてディフェンスする

相手に追いついたらサイドステップに

ツーガードポジションのボールマンがドリブルのスピードを一気にあげているシーンです。それに対してディフェンスがサイドステップを継続していたら抜き去られてしまうので、まずはボールマンに追いつくことを優先して走ります。このサイドステップからクロスステップへの切り換え、さらにサイドステップに戻す流れを見ていきましょう。

TEAM RULE 相手のスピードによって使い分ける

スピードに対してクロスステップは有効ですが、重心が高く体がのびて細い「線」の状態なので、方向転換に弱いともいえます。対照的にサイドステップはスピードには弱いものの、重心が低く体が安定していて「面」で守っている状態なので、方向転換には対応しやすいわけです。これらクロスステップとサイドステップを上手に使い分けましょう。

【写真1】 ボールマンのスピードに合わせてディフェンスは、進行方向に体を向けます。
【写真2】 スピードドリブルに置いていかれないようにディフェンスがクロスステップを踏みます。
【写真3】 サイドステップに切り換えてボールマンを止められるように、後ろ足（写真では左足）で強くフロアーを蹴ります。
【写真4】 ノーミドルを意識しながらサイドステップで、ボールマンを体の正面でとらえます。
【写真5】 サイドステップでボールマンを狭いエリアに誘導します。

ここで大事なのは、ボールマンのスピードをしっかりと感じて、ステップの方法を選ぶことです。また、追いついたらサイドステップに戻ることを忘れずに！

フットワーク⑤ステップの移行の方法

ボールマンのスピードについていき相手を止める

サイドステップに戻す一歩目を強く踏み込む

前のページで紹介したクロスステップからサイドステップへの移行を正面から見てみましょう。普段の練習で行う際に参考にしてください。

[写真1] ボールマンが目の前にいることをイメージし、クロスステップを踏むタイミングを計ります。

[写真2] 相手がスピードアップしたのを想定し、体勢を低くして

TEAM RULE 勢いを感じさせるディフェンスを

進行方向の足（右足）を大きく踏み出しながら、逆足（左足）で強く蹴ることによって、「バン！」と大きな音が鳴り響くくらいに強く踏み込むことができます。そのように勢いを感じさせるディフェンスがボールマンの攻め気を失せさせます。『絶対に止める』という気迫を前面に出してディフェンスしてください。

クロスステップを踏みます。

【写真3】 ボールマンに追いつくことを最優先にして走ります。

【写真4】 サイドステップに切り換える一歩目で、前足（写真では右足）で強く踏み込み、後ろ足（写真では左足）でフロアーを強く蹴ります。

【写真5、6】 サイドステップに戻して、ボールマンに対峙することをイメージします。

このようにサイドステップからクロスステップに移行するディフェンスは「ランアンドグライド」とも呼ばれています。一連の流れのなかで私が特に強調しているのは、「バン！」と体育館内に鳴り響くくらいに、サイドステップに戻す一歩目を強く踏み込むことです。その一歩で相手を止める気持ちです！

フットワーク⑥クローズアウト

ボールマンとの間合いを一気につめる

TEAM RULE バナナのような曲線を描く

アウトサイドでパスを受ける相手に大きなストライドで近寄る際、ミドルをおさえるイメージで内側からえぐるように間合いをつめます。いわばバナナのような曲線を描く格好となります。

ミドルをおさえながら内側からえぐるように

第1章のシェルディフェンスで、パスがアウトサイドに飛ばされたシーンを振り返ってください(20ページ)。自分のマークマンが離れている時など、相手との間合いを一気につめなければならないことがあります。このディフェンスの技術を「クローズアウト」といいます。

[写真1、2] アウトサイドでパスを受けようとする選手に対して、

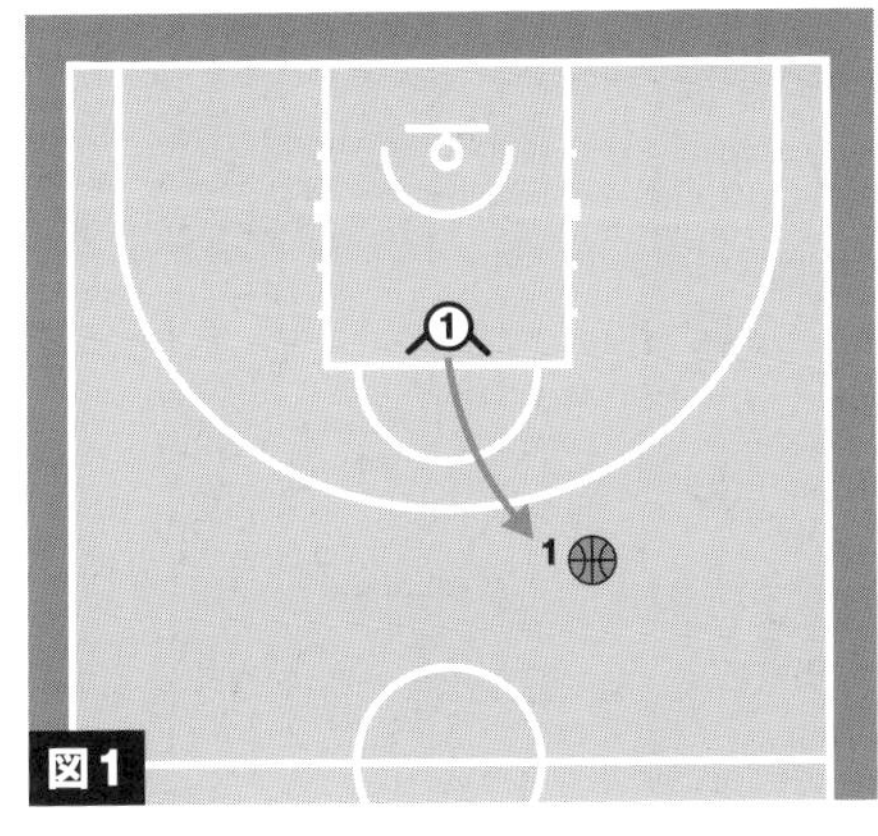

ピストルポジションにいるディフェンスが大きなストライドで間合いをつめます。

［写真3］ ディフェンスはハンズアップしてボールマンのシュートを警戒します。

［写真4］ ボールマンとの間合いが狭まるとともに、小刻みなステップで間合いを調整します。

［写真5］ ボールマンがボールを下げるのに伴い、ディフェンスも手を下げて対応します。

［写真6］ ボールマンにシュートを打たせず、ノーミドルでプレッシャーをかけます。

大事なのはミドルをおさえるイメージで、やや内側からえぐるようにしてボールマンとの間合いをつめることです。練習方法は172ページで詳しく説明しましょう。

ハンドワーク①クローズアウトからのトレースハンド

激しい動きのなかでもハンドワークを正確に

クローズアウト後はシリンダーに手を置く

クローズアウトの動きを横から見てみましょう。手と足をどのように動かして間合いをつめているかわかると思います。

【写真1、2】 大きなストライドで相手に寄りながら、両手をハンズアップしていきます。

【写真3】 ゴールを見てシュートを狙うボールマンに対して小刻みなステップで間合いを調整し、ハンズアップします。

TEAM RULE　シリンダーを意識してプレッシャーをかける

クローズアウトした後、ボールを触ろうとすると、勢いあまって体がぶつかりファウルになったり、カウンターでボールマンにドリブルで抜かれてしまいます。そこで意識してほしいのが、ボールマンがシュートの際にボールを動かすエリア「シリンダー」にトレースハンドを置くことなのです。

ドリブルに移行しようとしたら、トレースハンドをすかさず下げる

【写真4】 相手がボールを下げるのに伴い、ディフェンスも手を下げていきます。

【写真5】 ドリブルの体勢をとるボールマンに対してディフェンスは、ノーミドルでディレクションしながらトレースハンド（右手）でプレッシャーをかけます。

ここで再確認しておきたいことは、相手にシュートを打たせない手の置き方です。ボールマンがシュートを打つ時にボールを動かす体の正面を「シリンダー」といいます。ファウルに気をつけながらシリンダーにトレースハンドを置くことによって、ボールマンにとってはそれが邪魔でシュートを打てないわけです。クローズアウトのように激しい動きのなかでも、そうしたハンドワークができるようになりましょう。

ハンドワーク②スティール

ファウルに注意してボールを奪う

スティールを狙うべきか冷静に判断するように

この第2章で紹介した1対1のディフェンスができるようになると試合中、相手からボールを奪えるかもしれません。このディフェンスのことを「スティール」といいます。そのスティールの一例をボールマンがバックコート（自陣）からフロントコート（敵陣）にボールを運ぶシーンで見ておきましょう。

【写真1】 フロントコートに進む

TEAM RULE スティールを狙うべき状況

ボールマンがドリブルをミスした時などスティールを狙うべき状況が試合中はあります。たとえば試合終了間際、負けている場面で攻撃回数を増やす必要がある時。またはチーム戦術としてスティールを狙うべきタイミングもあるかもしれません。そうした状況をしっかりと把握してディフェンスすることが大切です。

3

4

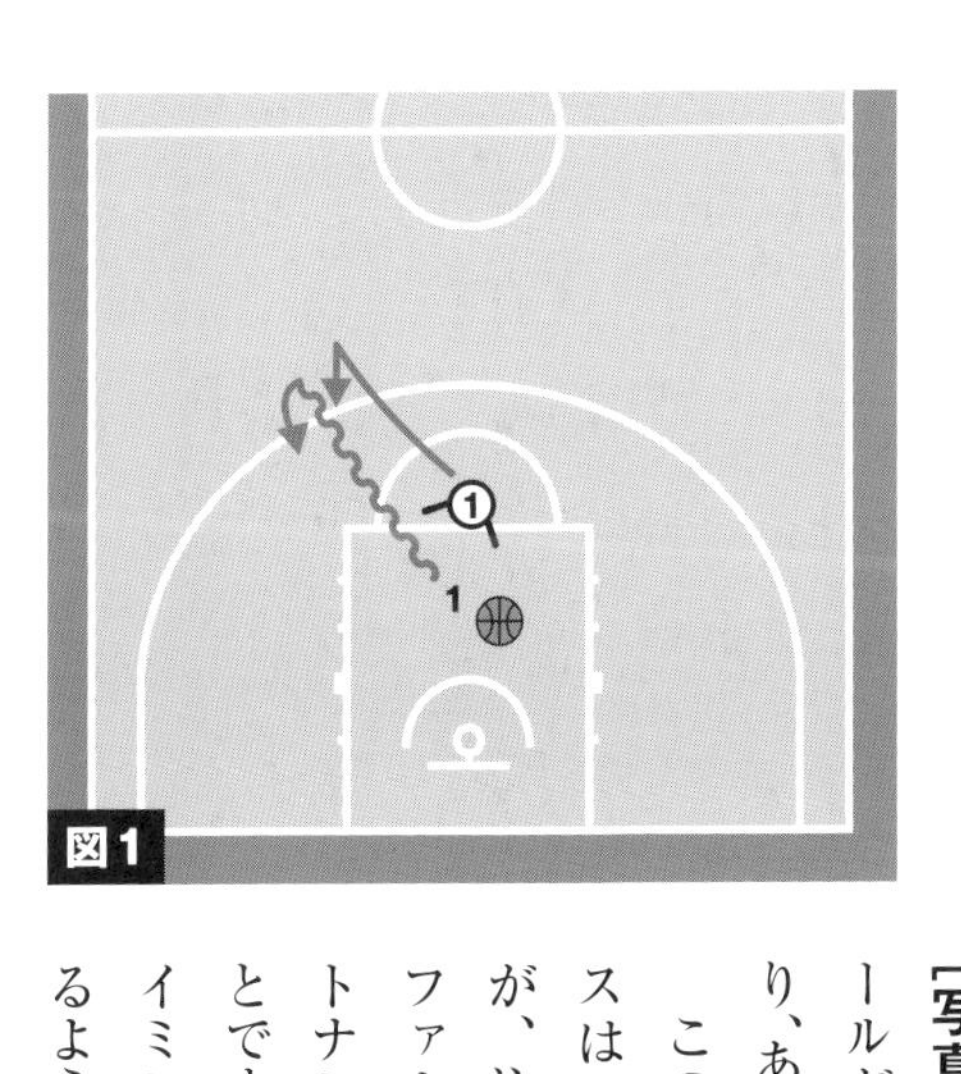
図1

ボールマンに対してディフェンスがドリブルのコースに入り、体の中心でとらえます。

【写真2】ボールマンはロールしてドリブルの方向を換えようとします。

【写真3】ボールマンがロールして視野が狭まっている間にディフェンスは、ドリブルのコースを読んで移動しておきます。

【写真4】ボールマンの手からボールが離れている間にボールに触り、あわよくばスティールします。

このようなプレーをディフェンスはいつでも狙いたくなりますが、注意しなくてはならないのはファウルと、相手に抜かれてアウトナンバー(数的不利)になることです。スティールを狙うべきタイミングかどうかを冷静に判断するようにしましょう。

Column

ディフェンスにおける「心」の重要性について

『絶対に相手をおさえる』強い気持ちを失わない

バスケットボールは5人対5人のチームスポーツであり、チームプレーがとても大切ですが、そのなかで「1対1」の成否が重要な意味を持ちます。1人の選手が1対1で勝つことにより、チームに勝利をもたらす可能性が十分にあります。いい換えると、チームとしてディフェンスを頑張っていても、1人の選手がほんのちょっとさぼっただけでチームディフェンスが崩壊する危険性もはらんでいます。それだけに1対1のディフェンスは、チームディフェンスにおいて重要なファクターなのです。

ディフェンスしづらい選手とマッチアップする（マークし合う）機会がみなさんにも必ず訪れます。自分よりもはるかに身長が高い…。ドリブルが素早くてなかなか止められない…。いくらディフェンスで頑張ってもシュートを外してくれない…。たとえ相手に何度か1対1でやられても、この気持ちを忘れないでください。

『次こそ絶対に相手をおさえる』

一度やられたプレーに対してやられないように工夫し続ければ、相手の体力低下とともに発揮されるプレーも限られてきます。そうやって粘り強く、辛抱強くプレーする気持ちがディフェンスではとても大事なのです。

また、攻撃面がどうしてもうまくいかない時、ディフェンスでペースをつかむこともできます。

『ディフェンスから頑張る！』

この気持ちを忘れずに!!

第3章

2対2

チームメイトと協力する

Two on Two

ディナイ①基本

自分のマークマンにパスを受けさせない

トップのボールマンからのパスをディナイしている状況

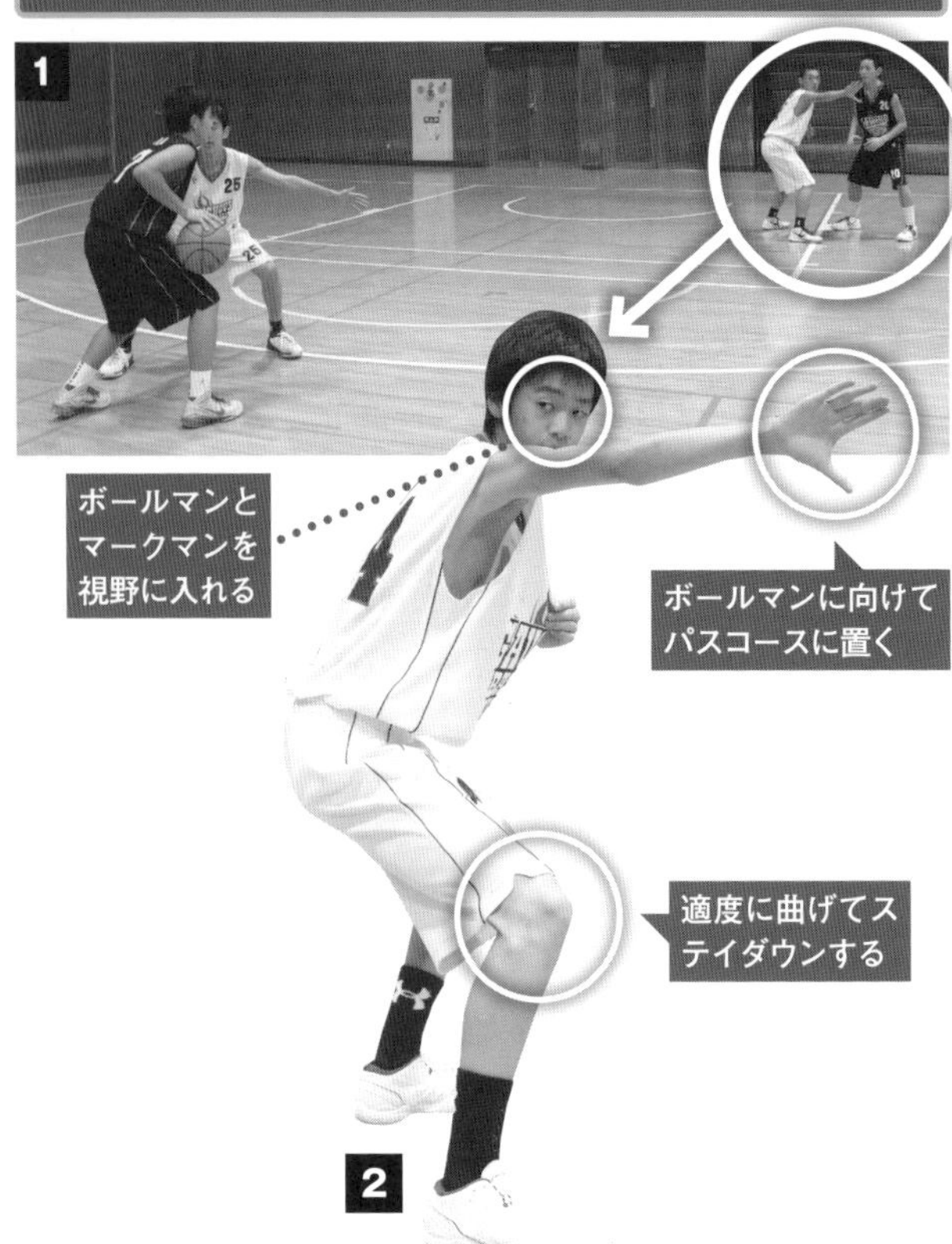

パスコースに手のひらを向け相手の胸の高さに置く

ボールマンに対してプレッシャーをかけるだけでなく、ボールを持っていないマークマンに対してもディフェンスする必要があります。自分のマークマンにパスが渡らないように、パスコースに手をかざすディフェンスの技術を「ディナイ（※拒絶するという意味）」といいます。その言葉どおり、パスを通そうとする相手チームのプレーを許さないことが目的です。

TEAM RULE パスコースに重心を傾けすぎない

パスをインターセプトしようと意識しすぎると、かざしている手のほうに重心がのってしまう。そうなると相手にゴール方向に走り込まれるので、ややゴール側に重心を置くように。目安は「4：6」です。

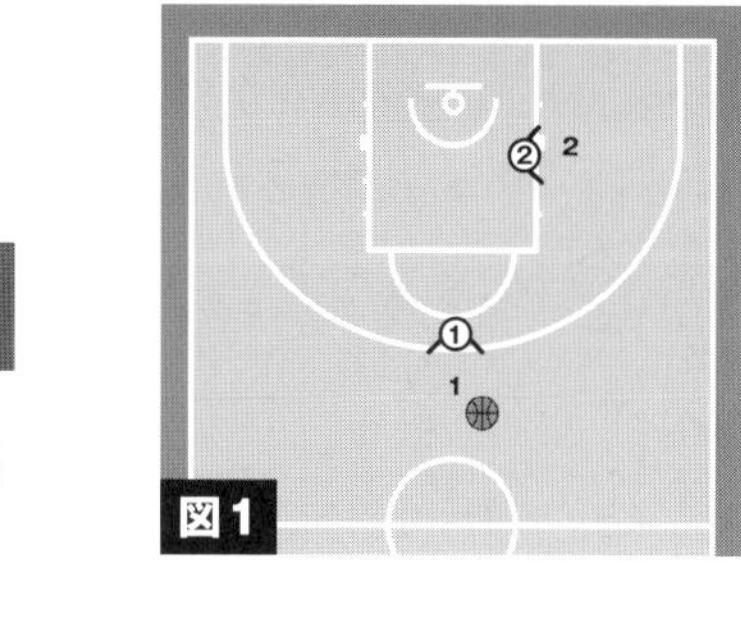

図1

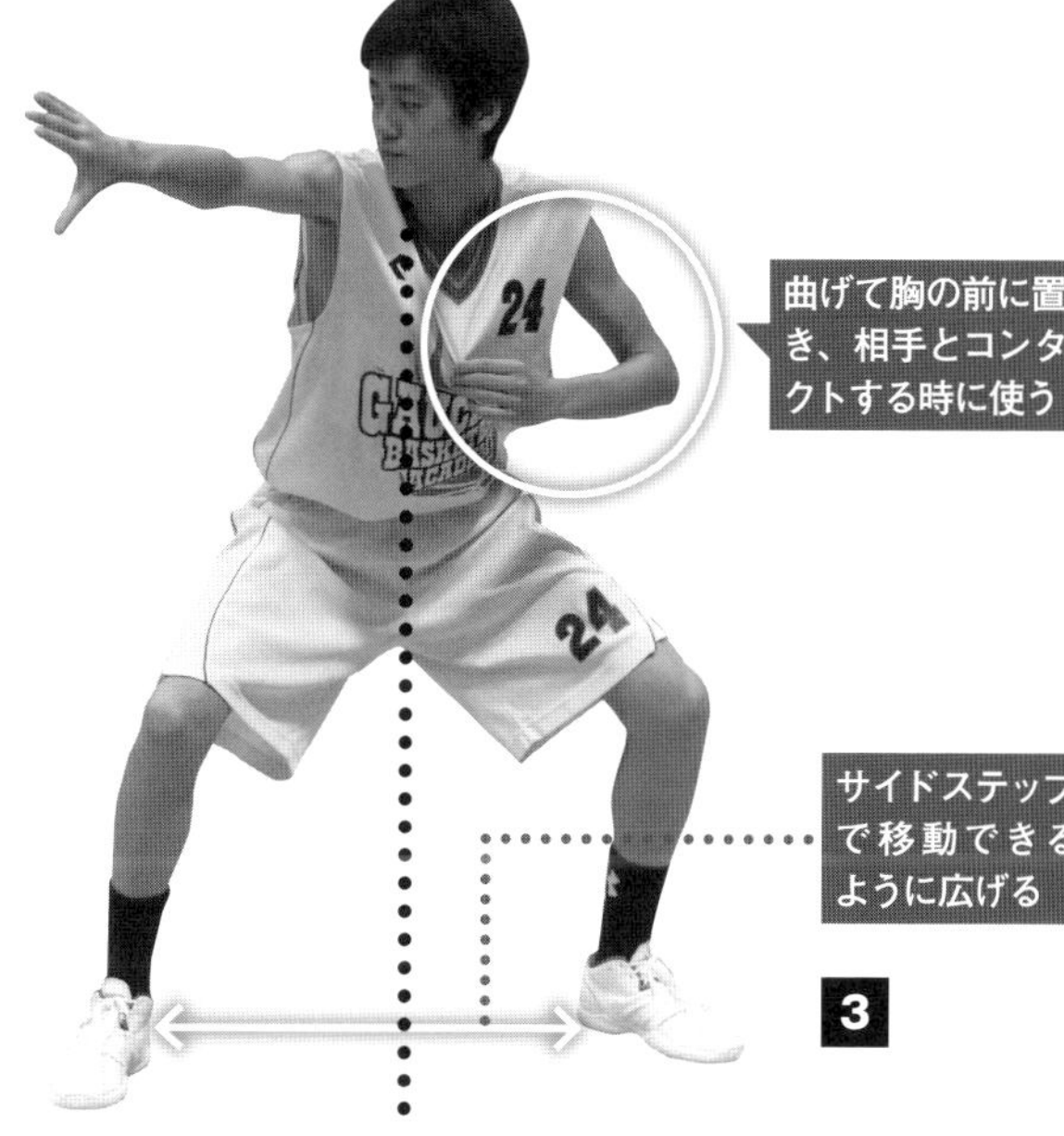

3

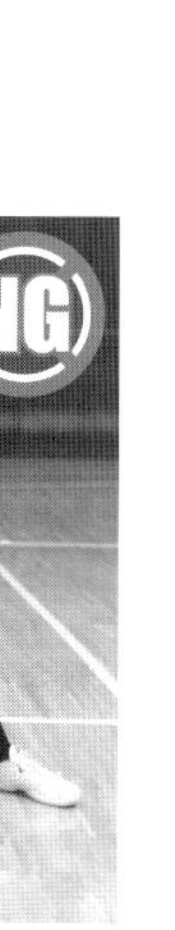

【写真1】 ボールマンがトップにいる状況で、もう1人の選手がディフェンスをインサイドに一度押し込んでからウイングでパスを受けようとしているシーンです。このような状況でディナイするディフェンスは、パスを受けようとするマークマンとボールマンを同時に、視野に入れます。

【写真2】 ディナイの姿勢を正面から見てみましょう。ひざを適度に曲げて動きやすい体勢をとり、パスコースに手のひらを向けます。この手を相手の胸の高さに置き、ディナイするのが基本です。

【写真3】 横から見たディナイです。重心を6：4くらいの比率でゴール側の足（写真では左足）に置きます。相手にゴールに向かって走り込まれないようにするためです。

ディナイ②クローズスタンスとオープンスタンス

相手の特性に応じてディナイを使い分ける

クローズスタンスのディナイ

相手にパスを受けさせないかドライブへのヘルプを優先か

アウトサイドでパスを受けようとする相手に対し、サイドステップを踏みながらディナイを継続するシーンです。相手を見上げるようなイメージでステイダウンしたまま、パスを受けさせないようにディナイします。そしてその方法には二つあります。

[写真1、2] パスを受けようとするマークマンに体を向けるディナイです。このような体の使い方を

オープンスタンスのディナイ

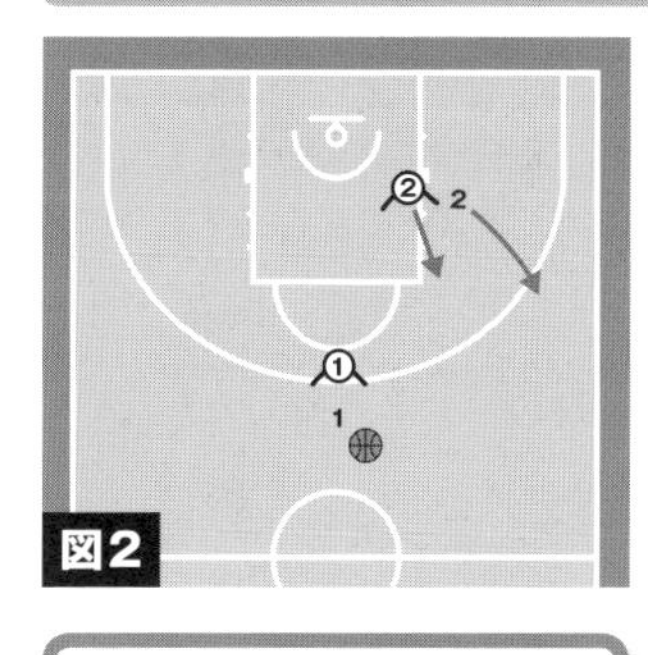

TEAM RULE ディナイの間合いを調整する

シェルディフェンスで触れたように（14 ページ）、ボールマンとの位置関係によってマークマンとの間合いは変わってきます。ボールライン上、もしくはボールラインより高い位置（センターライン側）にいる場合、ディフェンスはボールマンに寄ってディナイ。ボールラインより低い位置（ゴール側）にいる場合、ディフェンスはワンアームアウェー（腕一本分）の狭い間合いでディナイします。

「クローズスタンス」といい、ディナイの基本に相当します。**【写真3、4】**それとは違い、ボールマンの動きを把握しやすいように体を開くディナイです。このような体の使い方を「オープンスタンス」といいます。

この二つには特徴の違いがあります。クローズスタンスは、相手にパスを受けられにくい半面、ボールマンがドライブした時にヘルプディフェンスに入りにくいという欠点があります。

一方、オープンスタンスはドライブに対して素早くヘルプディフェンスに入りやすい半面、マークマンへのパスが通りやすくなります。そのような特徴を理解したうえで、二つのディナイを使い分けることが大切です。

ディナイ③バックカットに対して
相手と接触して動きを把握する

TEAM RULE **コンタクトして逆サイドに移動させないのが理想**

ポジションチェンジしてくる相手に対してディフェンスは、しつこくディナイする必要があります。しかし可能であれば、相手にバンプ（コンタクト／次ページの図２参照）してポジションチェンジさせないのが理想です。ただし一方的に押すような格好になるとファウルになるので、お互いにぶつかり合うことが条件です。

ゴール下では一瞬オープンスタンスに

ディナイされてウイングでパスを受けられない相手は、ディフェンスのブラインド（裏）をつきながらゴール方向に走り込みます。さらに逆サイドへとポジションチェンジする相手に対しても、ディナイを継続します。

【写真1、2】 ディナイされてパスを受けられない相手が動き出します。それに対してディフェンスはサイドステップを踏みながらディ

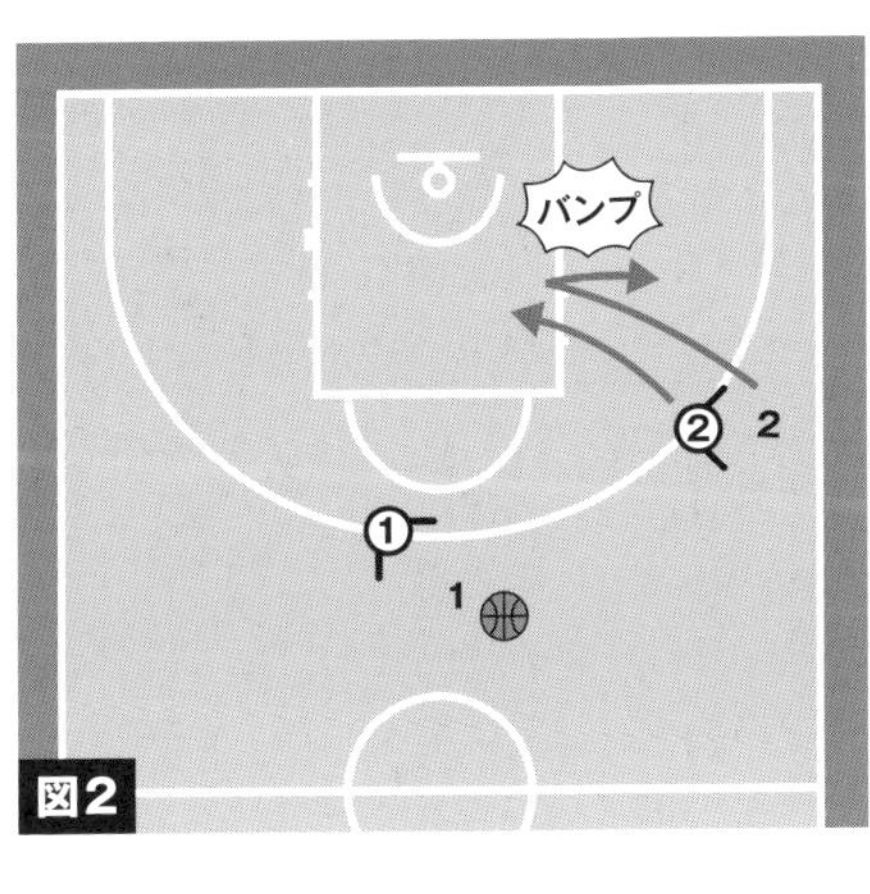

ナイを継続し、逆の手（写真では左手）で相手の動きを感じて見失わないようにします。

[写真3、4] 相手がゴール下を通る時、ディフェンスがクローズスタンスを継続するとボールマンが視野から外れてしまいます。そこで一瞬、オープンスタンスに切り換えてボールマンを視野に入れ、背中やお尻で相手の動きを感じてマークし続けます。

[写真5] 相手がゴール下から逆サイドのウイング方向に走り始めたら、すぐにオープンスタンスからクローズスタンスに切り換えてサイドステップでついていきます。

相手が不意をついてゴール方向に走り込んでパスを受ける場合でも集中を切らさず、しつこくディナイを続けましょう。

ディナイ④パスアンドランに対して
コンタクトしてパスを受けさせない

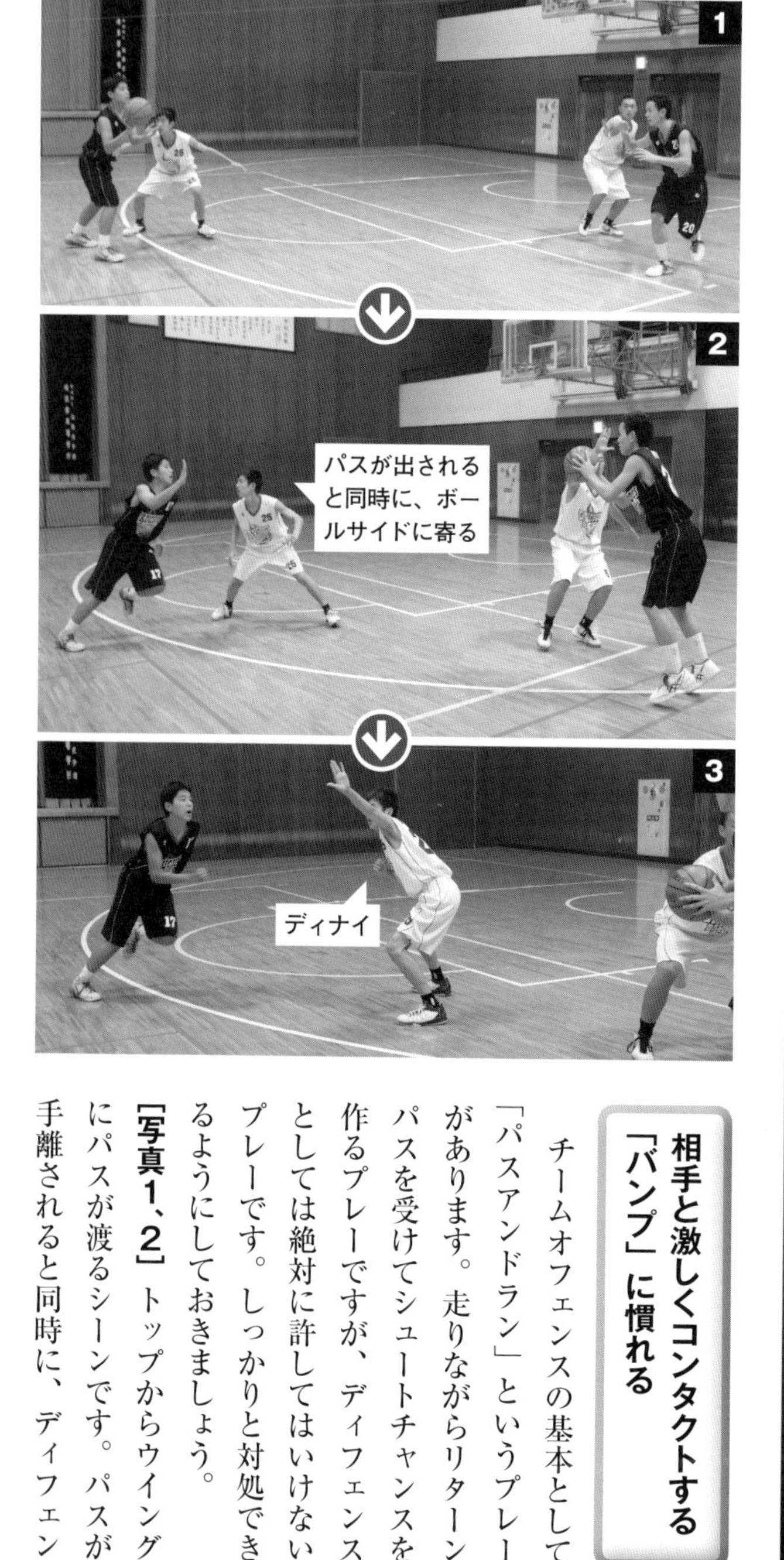

相手と激しくコンタクトする「バンプ」に慣れる

チームオフェンスの基本として「パスアンドラン」というプレーがあります。走りながらリターンパスを受けてシュートチャンスを作るプレーですが、ディフェンスとしては絶対に許してはいけないプレーです。しっかりと対処できるようにしておきましょう。

[写真1、2] トップからウイングにパスが渡るシーンです。パスが手離されると同時に、ディフェン

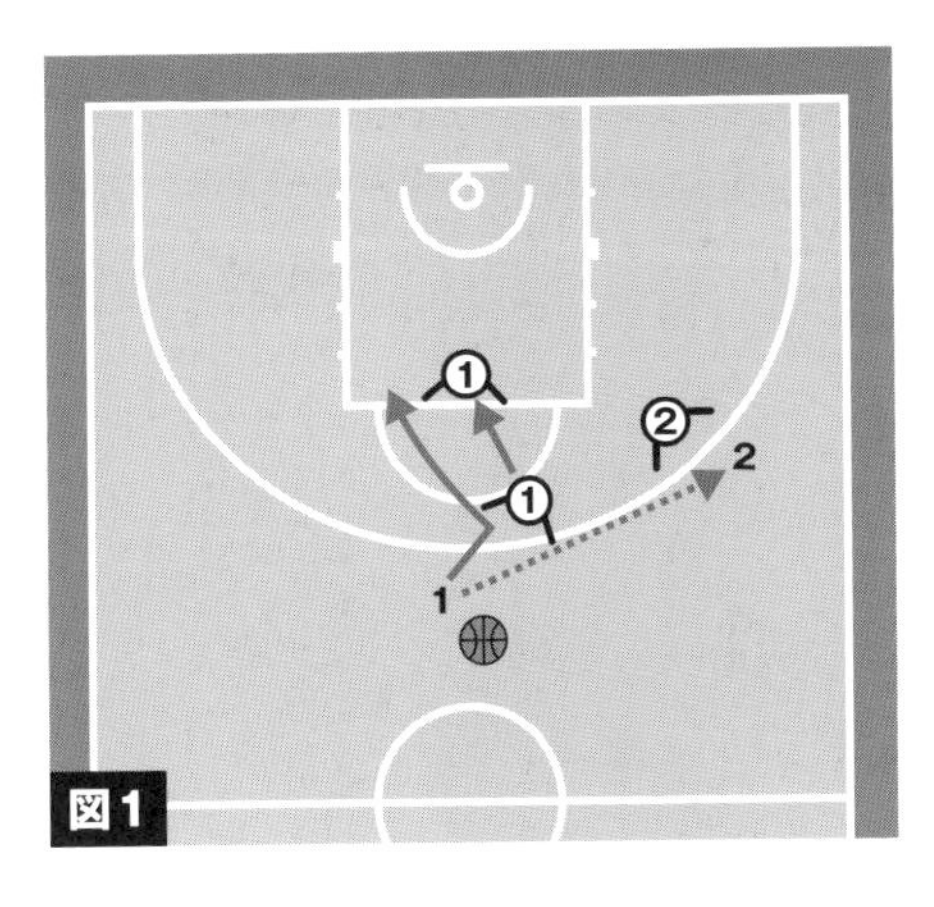

TEAM RULE フェイクに引っ掛からない

写真のように、ボールマン側から走り込もうとするプレーを「ボールサイドカット」といいます。この動きをフェイクとして使い、逆側からゴール方向に走り込むプレーもあります。この「バックカット」もされないようにディフェンスは気をつけてください。

スはディナイしながらボールサイドの走り込むコースに寄ります。これを「ジャンプトゥザボール」といいます。

【写真3】 ジャンプトゥザボールする際に相手とコンタクトするケースもありますが、基本はディナイでパスコースをまず止めます。

【写真4】 リターンパスを受けようとする相手にコンタクト、すなわちバンプをしてパスを受けさせず、しかも相手がボールマンから離れるようにディフェンスします。

【写真5】 マークする相手がウィークサイドに移動するのに伴い、ピストルポジションをとり、ボールマンとマークマンをケアし続けます。まずは相手と激しくコンタクトする、この「バンプ」に慣れましょう。

ドライブへの対応①注意点

不用意なヘルプはノーマークを生む

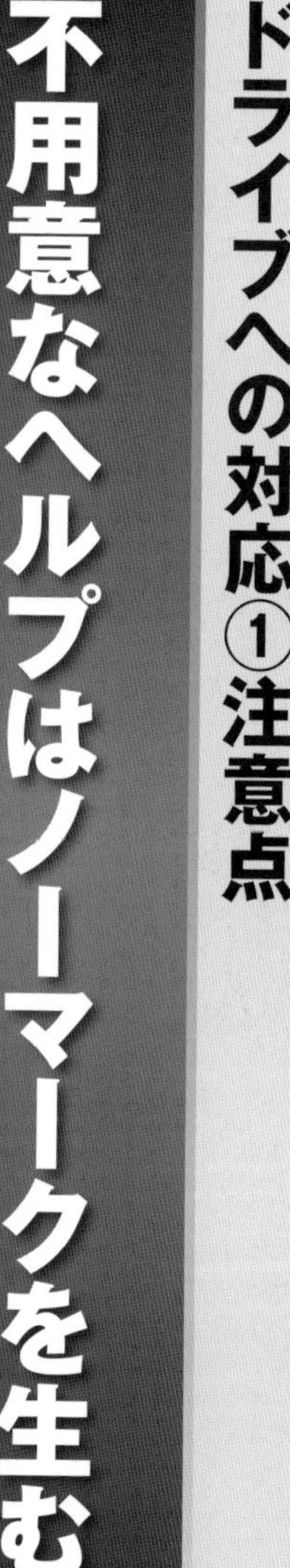

TEAM RULE　相手の特性に応じて判断する

ここでシュートを打っている選手がもしシュートを得意とする選手でなければヘルプディフェンスも一つの選択肢ではあります。しかしこういうケースでヘルプするのであれば、ボールマンにいったんドライブさせておいて、インサイドのビッグマン（大きな選手）がヘルプディフェンスに入ることが多いです。

助けるタイミングと助け方を間違えるとシュートを打たれる

1対1のディフェンスにおいては、ディレクション（方向づけ）が大事である旨、触れました（32ページ）。そのまま1対1で守りきるのが理想ですが、試合ではボールマンをディレクションしながらチームディフェンスで対応する時があります。そのようなケースで、キーワードとなるのが「ヘルプ」です。その文字どおりチームメイトを助けることはとても大事

なのですが、「助けるタイミング」および「助け方」に着目する必要があります。写真を見てください。これはヘルプして失敗したシーンです。

【写真1】 トップからボールマンがドリブルを開始します。ボールマンのディフェンスが抜かれそうな状況を、隣のチームメイトが察知します。

【写真2】 そこでヘルプディフェンスに入り、2人がかりでボールマンを止めようとします。が、ボールマンにすかさずパスをさばかれてしまいます。

【写真3】 ヘルプディフェンスが戻ることができず、シュートを打たれてしまいました。

このようなケースでどのようにチームディフェンスをすれば良いのか、次のページから紹介します。

ドライブへの対応②ジャンプスイッチ

ジャンプで一気に間合いをつめてマークマンを交換

ノーマークのシュートを打たれないような連係を

ボールマンのドリブルに対してヘルプディフェンスに入り、チームディフェンスとして機能させる方法を紹介しましょう。一つ目が「ジャンプスイッチ」です。

【写真1】 ボールマンがトップにいる状況で、隣のディフェンスがクローズスタンスでディナイしているシーンです。

【写真2】 ドリブルに対して隣のディフェンスが「ジャンプ!」ま

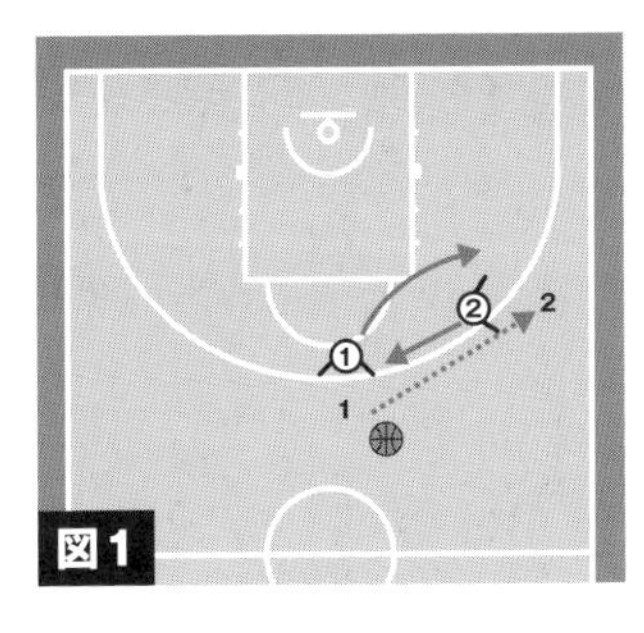

図1

TEAM RULE V・P・Cの「C」

このチームディフェンスの成否は、コミュニケーションにかかっています。ヘルプするディフェンスが声を出して知らせないことには、ボールマンのディフェンスがどう動いて良いか迷ってしまいます。ほんの一瞬でも動き出しが遅れただけで、相手にシュートを打たれてしまうだけに、コミュニケーションが欠かせないのです。

3
4

たは「スイッチ！」といいながらジャンプして、ボールマンとの間合いを一気につめます。

［写真3］ヘルプディフェンスの声を聞いたボールマンのディフェンスは、すぐさまウイングへと移動します。

［写真4］ウイングでパスを受ける相手に対してクローズアウト（44ページ）の技術を使って対峙します。そしてトップの選手にパスが戻らないように、ヘルプしたディフェンスがディナイします。

このような連係を図ることによって相手にノーマークでシュートを打たせず、ヘルプディフェンスを機能させることができます。ただしヘルプする選手はジャンプしながら移動を開始する際に、パスを簡単に通されないように注意する必要があります。

ドライブへの対応③ヘジテーション

ヘルプする素振りを見せて戻る

「ショウ!」といいながらヘルプする素振りを見せる

自分の姿だけを見せてスピードを落とさせる

ボールマンのドリブルを止めることを目的としたチームディフェンスが他にもあります。写真を見ていきましょう。

[写真1] ボールマンがトップにいる状況で、隣のディフェンスがクローズスタンスでディナイしているシーンです。

[写真2] ドリブルに対して隣のディフェンスが「ショウ!」といいながらドリブルのコースに入り

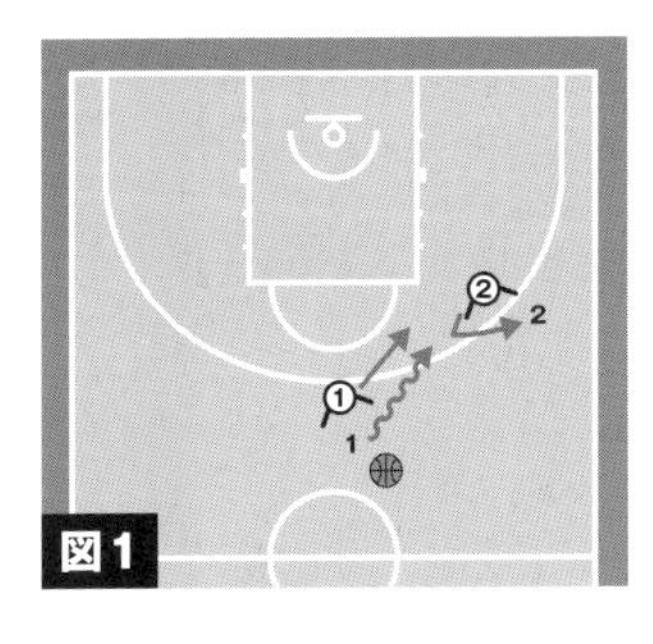

図1

TEAM RULE フェイクを意識して使う

シュートを打つ素振りを見せてドリブルしたり、パスする素振りを見せてシュートを打つなど、攻撃では「フェイク」がよく使われます。ディフェンスでも「ショウ」のようなフェイクを有効に使い、オフェンスと駆け引きすることが大切です。フェイクを交えながら相手を迷わせることによって、スピードを遅らせたり、動きを止めることができます。時には相手の焦りからチャージング（オフェンスのファウル）を誘えることもあるのです。

3
自分のマークマンにすぐさま戻る
4

ます。「ショウ／ｓｈｏｗ」とは、自分の姿をボールマンに見せるという意味合いです。

【写真3】 隣のディフェンスはヘルプに入らず、自分の姿をボールマンに見せただけで自分のマークマンがいるウイングにすぐさま戻ります。これを「ヘジテーション」と呼びます。

【写真4】 ボールマンのスピードを止めて攻撃を滞らせ、時間をかけさせれば成功です。

このチームディフェンスも「ショウ」という声を出してコミュニケーションを図ることによって、ボールマンのディフェンスが迷わず、ステイする（同じポジションにとどまる）ことができます。

いわばこのショウディフェンスは、ヘルプする素振りだけを見せる「フェイク」ともいえます。

ドライブへの対応④トラップ

2人がかりで「罠(わな)」を仕掛ける

ラインを利用すると
トラップの効果倍増

次に紹介するのは、ヘルプディフェンスからそのまま2人がかりでボールマンに襲いかかるという、アグレッシブなディフェンス戦術です。いわゆる「トラップ※罠という意味」の流れを見ていきましょう。

【写真1】 トップからドリブルを開始するボールマンの動きに対して、ディフェンス2人が反応します。

TEAM RULE 苦し紛れのパスを狙っておく

サイドラインやベースラインを味方にできると、ディフェンスは相手のミスを誘える可能性が高まりますが、もう一つポイントがあります。それは「3人目」が狙うということです。ディフェンス2人に包囲されたボールマンは苦し紛れのパスを出そうとします。そのパスを3人目が必ず狙っておくということです。

【写真2】 ヘルプディフェンスに入るとともに、ボールマンのディフェンスと協力して2人がかりでプレッシャーをかけます。

【写真3】 ディフェンス2人はパスを出させないようにボールマンを包囲し、お互いの間を割られないようにくっついて対処します。

ここではコート中央でトラップを仕掛けていますが、より効果的なのはサイドラインやベースラインのすぐそばで行うトラップです。なぜならそれらのラインもボールマンにとっては、ディフェンスに相当するからです。

または、ボールマンがセンターラインを越えたコフィンコーナーあたりが狙い目です。一度センターラインを超えると自陣に戻れないため、トラップを仕掛ける大きなチャンスなのです。

ドリル①3（スリー）ダウンローテーション

ディフェンスの距離感を確認する

ディフェンス3人はゴール下からパスしてスタート

1

2

トップと左右のディフェンスが等間隔

3

ドライブに対してはカバーパスに対してローテーション

3対3の状況で、ボールマンプレッシャー、ディナイ、そしてピストルポジションの「距離感」を確認するドリルを紹介しましょう。

【写真1】 オフェンスの3人はトップ、左右のウイングにそれぞれポジションをとり、ディフェンス3人のうち1人がボールを持ってゴール下からスタートします。

【写真2】 左右どちらかに少しずれたトップにパスを出して（ボー

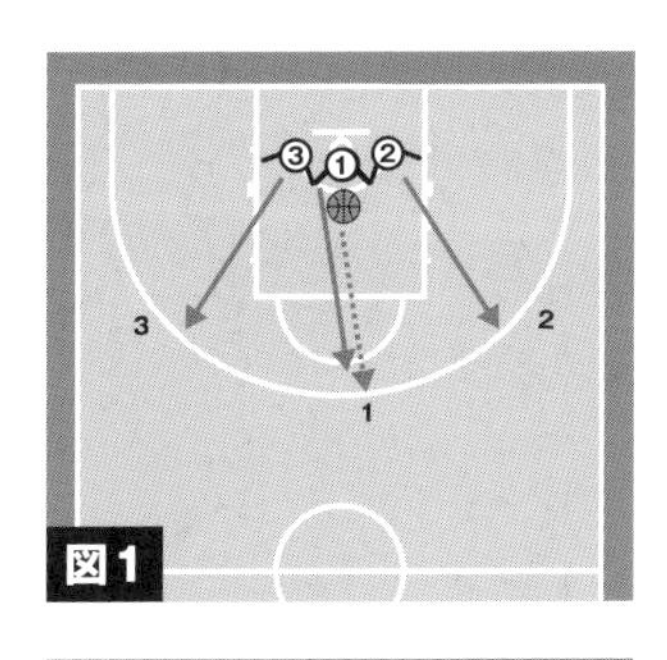

図1

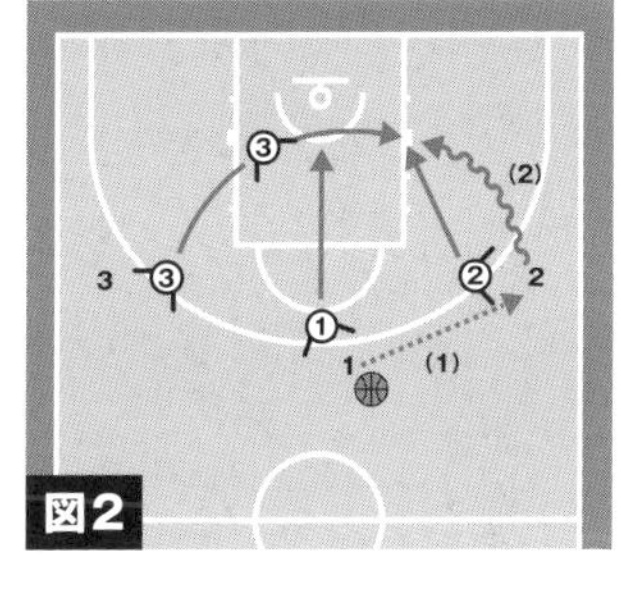

図2

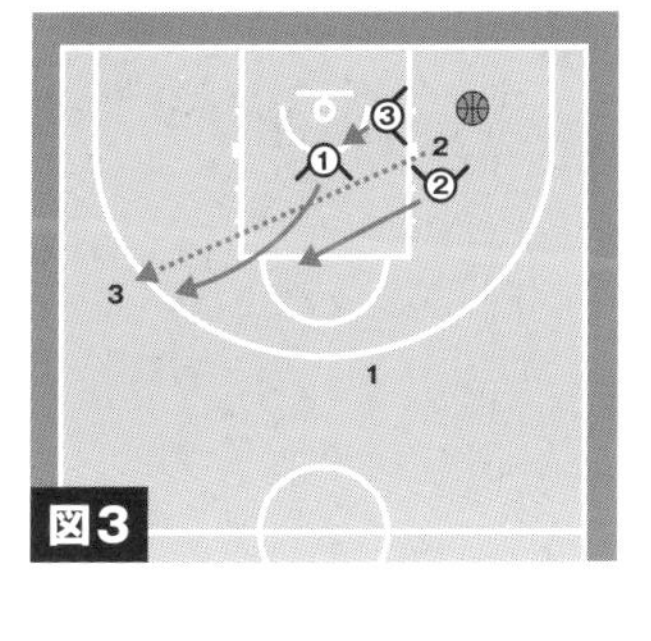

図3

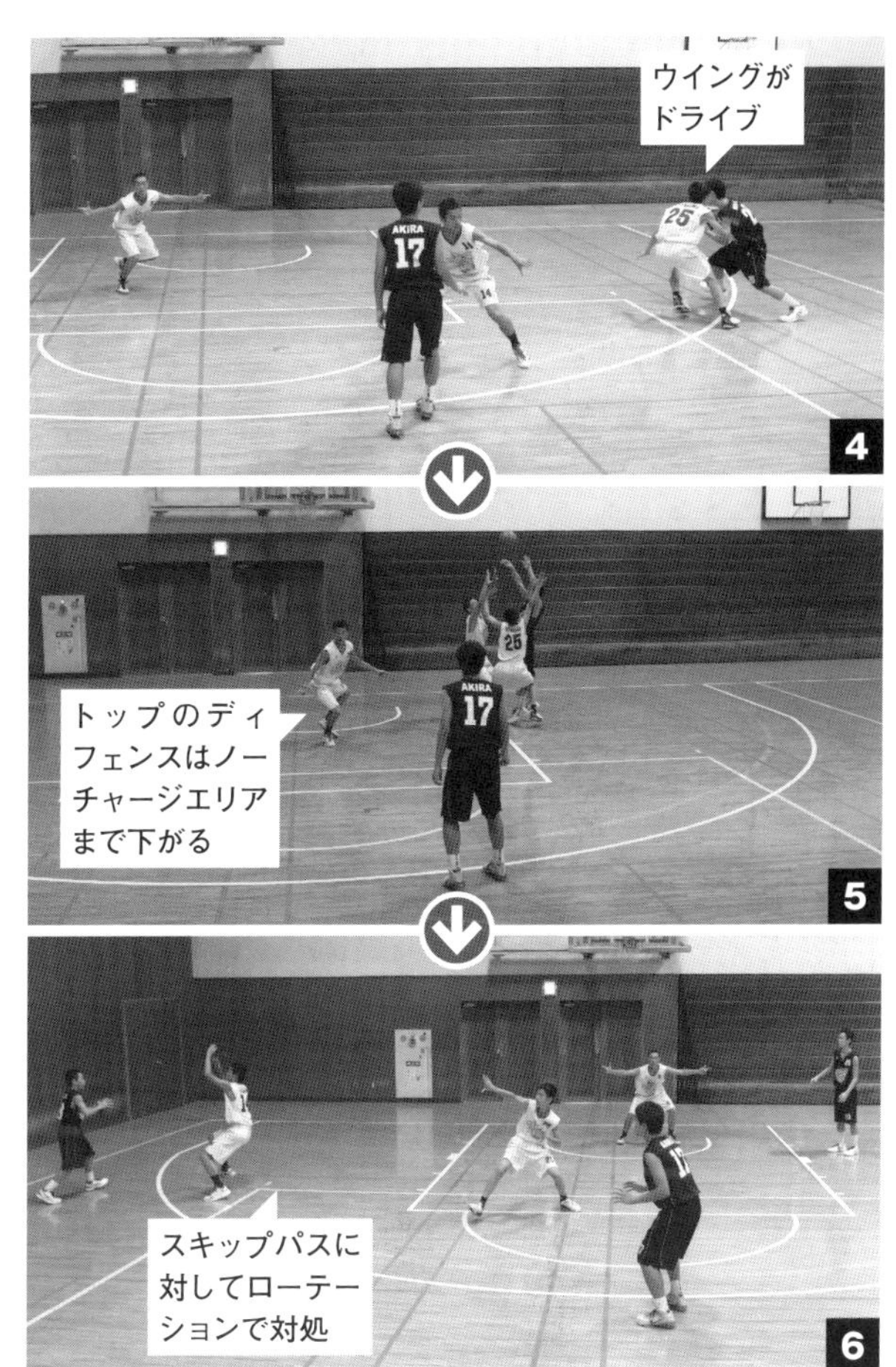

ルを転がして)、1人がクローズアウト、ウイングの2人に対してはディナイします。

【写真3】 その時、トップと左右のディフェンスとの距離が等間隔となるようにポジショニングをとります。

【写真4】 トップからウイングにパスを出し、ウイングの選手はベースラインドライブを行います。

【写真5】 それに対して逆サイドのディフェンスがヘルプディフェンスに入り、トップのディフェンスは動きの意識づけのためノーチャージエリアまで大きく下がり、ピストルポジションをとります。

【写真6】 ドライブを行った選手は逆サイドにパスを展開し、トップから大きく下がったディフェンスがクローズアウトし、ローテーションして対処します。

ドリル②シアトルスライス

役割の変化をいち早く察知する

1

ウイングにボールが渡った時

2

セーフティにパスが戻された時

3

逆サイドのツーガードポジションにパスが展開された時

4

プレッシャー、ディナイ ピストルポジションを正確に

「シアトルスライス」というチームオフェンスにおけるボールと人の動きに応じて、ディフェンスが役割を変化させていくドリルを紹介しましょう。

【写真1、2／図1】 オフェンス4人はツーガードポジションと左右ウイングにポジションをとり、ディフェンスはそれぞれボールマンプレッシャー、ディナイ、そしてピストルポジションをとります。

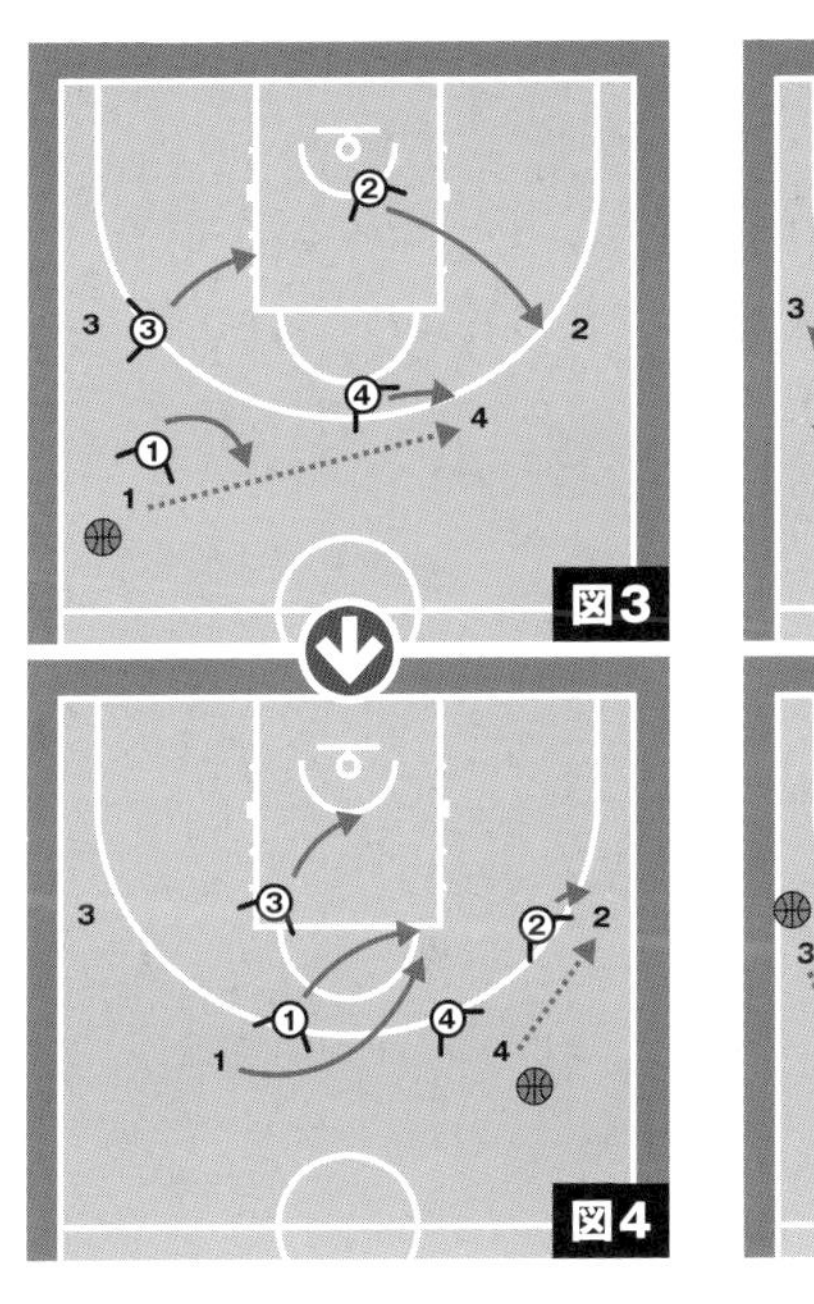

各ディフェンスの役割の変化を次のページで整理します

そしてウイングにパスが渡るとともに、役割を変化させます。

【写真3／図2】 ウイングからセーフティポジションに移動したオフェンスにリターンパスが出されるとともに、再びディフェンスの役割が変化して最初の形（写真1）に近くなります。

【写真4／図3】 逆サイドのツーガードポジションにパスを展開します。ボールのサイドが変わることによって、プレッシャーのかけ方、間合いの取り方などディフェンスの役割が大きく変わります。

【写真5／図4】 さらにウイングにパスを展開します。それに合わせて逆サイドにいるオフェンスがボールサイドカットを行い、ディフェンスがバンプして食い止めましょう。

Column

シアトルスライスにおける各ディフェンスの役割の変化

ディフェンス1～4の役割の変化を整理する

前ページのシアトルスライスの流れをA・B・C・Dで整理するとこうなります。

A（図1）…ウイングにボールが渡った時
B（図2）…セーフティにパスが戻された時
C（図3）…逆サイドのツーガードポジションにパスが展開された時
D（図4）…逆サイドのウイングにパスが展開された時

・ディフェンス①の場合
[A]ボールマンプレッシャー～ディナイ
[B]ボールマンプレッシャー
[C]ディナイ
[D]バンプ

・ディフェンス②の場合
[A]ディナイ～バンプ
[B]ピストルポジション
[C]ディナイ
[D]ボールマンプレッシャー

・ディフェンス③の場合
[A]ディナイ～ボールマンプレッシャー
[B]ディナイ
[C]ピストルポジション
[D]ピストルポジション

・ディフェンス④の場合
[A]ピストルポジション
[B]ディナイ
[C]ボールマンプレッシャー

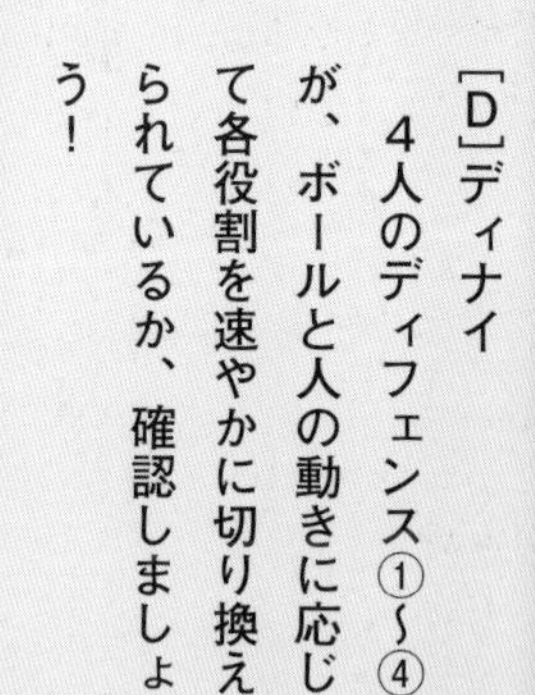
[D]ディナイ

4人のディフェンス①～④が、ボールと人の動きに応じて各役割を速やかに切り換えられているか、確認しましょう！

第4章

ポストディフェンス

インサイドで得点されない

Post Defense

ポストディフェンス①ポストディナイ

相手のセンターにボールを持たせない

サイディングハイからオールフロントへの移行

第1章のシェルディフェンスのなかには組み込まなかったインサイドのディフェンスです。ここでは相手のセンターにボールを持たせないように「ディナイ」します。**【写真1、2】**ボールマンがツーガードポジションからコーナー方向にドリブルダウンしているシーンです。それに対してセンターのディフェンスがどのようにディナイしているか細かく見てみます。

TEAM RULE　ポストディナイの注意事項

ポストマンのディフェンスが相手を強く押したり、体を巻き込むように手を使うとファウルになるので注意してください。またパッサー（ボールマン）のディフェンスもパスを出させないようにプレッシャーをかけましょう。たとえ裏（ゴール下）にパスが入ってもヘルプディフェンスが対処するように！

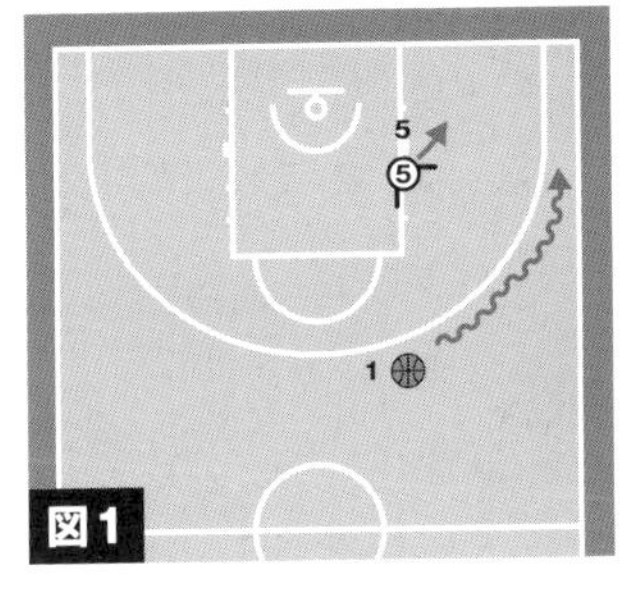

【写真A】ボールマンがツーガードポジションからウイングのエリアにいる時のポストディナイの姿勢です。半身でパスコースに入り、すぐにゴール側に戻れる姿勢で「サイディングハイ」といいます。

【写真B】ボールがコーナー方向に移動するのに伴い、ゴール側の足を相手の前に踏み込みます。

【写真C、D】ボールマンがコーナーのエリアにいる場合などは体全体をパスコースに入れて、素早くハンズアップしてポストマンにボールが入らないようにします。これを「オールフロント（フルフロント）」といいます。

このサイディングハイからオールフロント、オールフロントからサイディングハイへの移行がスムーズにできるようになりましょう。

ピストルポジションからのポストディナイ

いち早くコンタクトしてポストアップさせない

ボールが逆サイドにある時、すなわちピストルポジションからのポストディナイです。このようなケースでポストマンは、ボールマンに近づいてパスを受けようとします。そうした「ムービングポスト」に対するディフェンスです。

【写真1】 ディフェンスはピストルポジションをとり、自分のマークマンとボールマン（※カメラ位置）を同時に視野に入れます。

TEAM RULE 接触しながらボールマンに向く

まずはコンタクトプレーを嫌がらないことです。ボールマンに近寄るポストマンに自由に動かれると簡単にパスが入ってしまうので気をつけてください。その際にはマークマンに体を向けるのではなく、ボールマンに体を向けることを忘れずに。ビジョンを確保するためです。

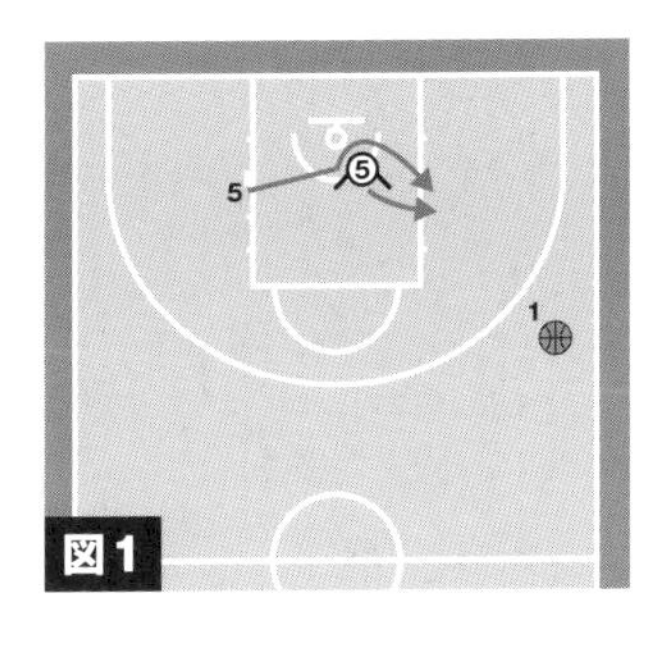

図1

【写真2】 ボールマンに近づくマークマンにいち早くコンタクトして、パワーサイドでポストアップさせないようにディフェンスします。

【写真3】 ディフェンスはマークマンとコンタクトしながら、ゴール側の狭いエリアに追い込みます。逆側の広いエリアを相手に通られると、すぐにパスが渡ってしまうからです。この時に体をボールマンのほうに向けることが大切です。マークマンおよびゴールの方向に体を向けるとボールマンのプレーが見えず対応できないからです。

【写真4】 たとえパワーサイドでポストアップされても、サイディングハイの姿勢をとり、粘り強くポストディナイをしましょう（74ページ）。

ポストディフェンス③アームバー

ボールマンをゴールへと近づかせない

腕をクッションとして使いポストマンと駆け引きする

ポストディナイを粘り強く行っても相手のポストマンにボールを持たれることはあります。そういうケースを想定してしっかりと対処できるようにしておきましょう。

インサイド、特にゴールに近いエリア「ローポスト」でパスを受けたポストマンは大抵、ディフェンスを背にする格好となります。ディフェンスとしてはそのボールマンを、簡単にゴールへと振り向

TEAM RULE ファウルにならないように使う

アームバーは、ポストマンをゴールに近づかせない有効な手段である反面、ファウルをとられやすいプレーの一つです。曲げているひじをのばして相手を弾き飛ばそうとしたり、ドリブルする相手に対してアームバーを使うとファウルをとられる危険性が高いので注意してください。また、試合を担当するレフェリーによっても判定基準が違う場合があるので、アームバーをどの程度使えるか冷静に判断することが大切です。

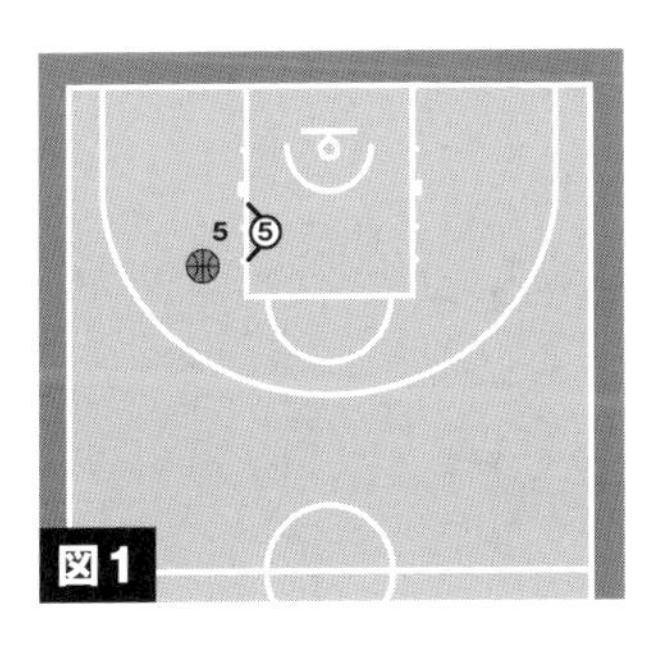

図1

かせるわけにはいきません。ゴールに近いエリアだけに高確率のシュートを相手に打たれてしまうからです。

だからといってディフェンスが体をボールマンに密着させて守るのも危険です。ディフェンスの体を回転軸のように使われ、ボールマンにロールの動きでかわされてしまうからです。

【写真1、2】 そこで駆け引きのなかで有効に使いたいのが「アームバー」です。30ページで触れたとおり、間合いは「クッションアウェー」です。つまりひじを曲げて腕をクッションのようにして使い、ボールマンをゴールに近づかせないということです。ただしドリブルを始めたらアームバーを解除しないと、ファウルになる可能性が高いので注意しましょう。

ポストディフェンス④ドリブルへの対応

何を狙っているか冷静に読む

ハンズアップしてファウルでないことをアピールする

ローポストでパスを受けたボールマンがドリブルしながら、ゴールに近づこうとしているシーンです。ディフェンスとしてどのような対処が求められるか見ていきましょう。

【写真1、2】 ボールマンがドリブルを開始した瞬間、ディフェンスはアームバーを解除しハンズアップしてシュートを止めます。その姿勢を見せることでファウルでな

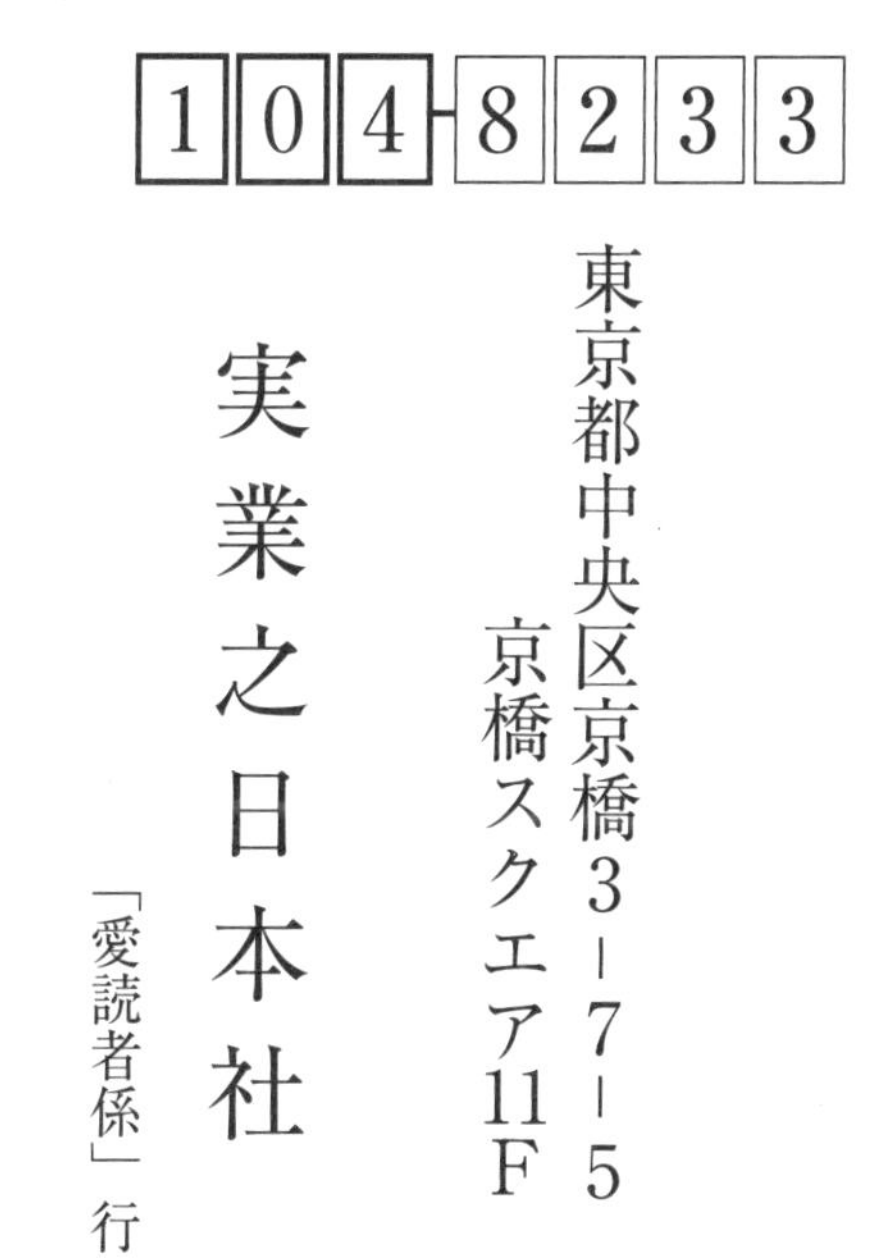
郵便はがき

お手数でも
郵便切手
をお貼り
ください

104-8233

東京都中央区京橋3-7-5
京橋スクエア11F

実業之日本社
「愛読者係」行

ご住所　〒
お名前
メールアドレス

ご記入いただきました個人情報は、所定の目的以外に使用することはありません。
実業之日本社のプライバシー・ポリシー（個人情報の取扱い）は、
以下のサイトをご覧ください。http://www.j-n.co.jp/

お手数ですが、ご意見をお聞かせください。

この本のタイトル		
お住まいの都道府県	お求めの書店	男・女 歳
ご職業　会社員　会社役員　自家営業　公務員　農林漁業 医師　教員　マスコミ　主婦　自由業（　　　　） アルバイト　学生　その他（　　　　）		
本書の出版をどこでお知りになりましたか? ①新聞広告（新聞名　　　　）②書店で　③書評で　④人にすすめられて　⑤小社の出版物　⑥小社ホームページ　⑦小社以外のホームページ		
読みたい筆者名やテーマ、最近読んでおもしろかった本をお教えください。		
本書についてのご感想、ご意見（内容・装丁などどんなことでも結構です）をお書きください。 どうもありがとうございました		

このはがきにご記入いただいた内容を、当社の宣伝物等で使用させていただく場合がございます。何卒ご了承ください。なお、その際に個人情報は公表いたしません。

TEAM RULE まわりがヘルプするのも手

1対1で対応するのが理想ですが、相手が大きな選手の場合などは難しくなります。そこでまわりの選手がヘルプするチームディフェンスも用意しておきましょう。たとえば『ドリブルを始めた瞬間にヘルプする』などのチームルールを作り、2人で対処するのです。ただしアウトサイドにパスをさばかれてシュートを打たれないように気をつけてください。そういう意味では、ヘルプする動きを「フェイク」として使い、ボールマンのドリブルをやめさせるディフェンスが効果的です。

図1

いこともアピールできます。

【写真3】 ボールを強くつきながら押し込んでくる相手に対し、腰を低く落として対応します。

【写真4】 パワフルにディフェンスしつつ、ボールマンがどのようなプレーを狙っているか冷静に読んで対処します。

【写真5】 アームバーを出していればロールを察知できるものの、ドリブルを始めてからのロールには特に気をつけなければなりません。ロールからゴール下に侵入されないように速やかにコースに入ります。

【写真6】 シュートを打たせないようにハンズアップします。たとえシュートを打たれるにしても、ファウルをせず、苦しいシュートを打たせるように心掛けましょう。

ポストディフェンス⑤ドリブルを止めた後の対応

苦し紛れのパスを出させる

TEAM RULE まわりはパスコースを封じる

ドリブルを止めた後、シュートを打つにもパスを出すにも苦しい状態のことを「デッド／Dead」といいます。直訳すると「死んでいる」と、好ましくない表現ですが、アメリカではよく使われるバスケット用語です。私のチームもスティックで相手を追い込んだら、「デッド！」とコールします。同時にまわりの４人が一斉にディナイを強めます。そうすることでボールマンは何もできなくなるわけです。みなさんもそのようにコミュニケーションを図ってみてください。

ハンズアップしながら軸足を両足ではさむ

ボールマンのドリブルを止めた後の対応です。相手に残されているプレーの選択肢は、シュートかパス。ですからシュートを決めづらいバランスの悪い体勢をとらせ、苦し紛れのパスを出させるように追い込みます。このディフェンスを「スティック」といいます。

【写真1】 ボールマンがドリブルを止めた瞬間、間合いを一気につめて相手の軸足（写真では左足）

を両足ではさむようにディフェンスします。

【写真2】 シュートを打たれないようにハンズアップを継続し、ピボットを踏んで（ステップワークで）シュートチャンスを作られないようにディフェンスします。

【写真3】 ボールマンの重心が後ろ足（ゴールから遠いほうの足／写真では右足）にのるように、激しくプレッシャーをかけます。

【写真4】 ボールマンの軸足を完全にはさみ、覆いかぶさるようにして重心を後ろ足に持っていかせます。その際に両手をハンズアップすることによってファウルでないことをアピールしましょう。トラベリングやダブルドリブルなど、相手のヴァイオレーションを誘発させ、自分たちのボールにできるかもしれません。

ポストディフェンス⑥パワードリブルへの対応

両手でボールをつくパワープレーを弾き返す

より低いディフェンス姿勢で対処する

ボールマンが両手で一度だけドリブルをつく「パワードリブル」でゴール方向に力強く向かってくることがあります。そうしたパワープレーを弾き返せるように、ディフェンスも「パワースタンス」をとります。つまり通常のポストディフェンスの姿勢よりさらに両足を広げて低い姿勢をとって対処するのです。さらにハンズアップするとともに、相手のボールをあげさせないように間合いをつめてパワフルにディフェンスしましょう。

第5章

オンボールのスクリーンプレー

ボールがあるエリアで スクリーンを有効に使わせない

Onball Screen

スクリーンプレーが多用される理由

図1

(1) (2) 1 2 ① ②

…スクリーナー

ウイングのオフェンスが、トップのボールマンからパスを受けようとしている状況

トップからウイングにパスをいったん出してからスタートするケースが多い

TEAM RULE 「V・P・C」が重要な鍵

第1章のシェルディフェンスで触れたビジョン、ポジショニングそしてコミュニケーション、いわゆる「V・P・C」が、スクリーンプレーにおいても重要なポイントとなります。そこで次のページから、このV・P・Cにも着目しながら、スクリーンプレーに対するディフェンスについて読み進めてみてください。

スクリーンプレーを封じるのが勝利の条件

バスケットボールのルールは少しずつ改正され、一つの傾向としては攻撃にかけられる時間が短くなる傾向が見られます。かつては30秒ルールだったのが24秒ルールに、さらに時間がリセットされた場合、残り14秒というルールが採用されるに至っています。つまり攻撃は時間をかけて難しいフォーメーションを行うより、良し悪しは別としてシンプルな攻撃でシュ

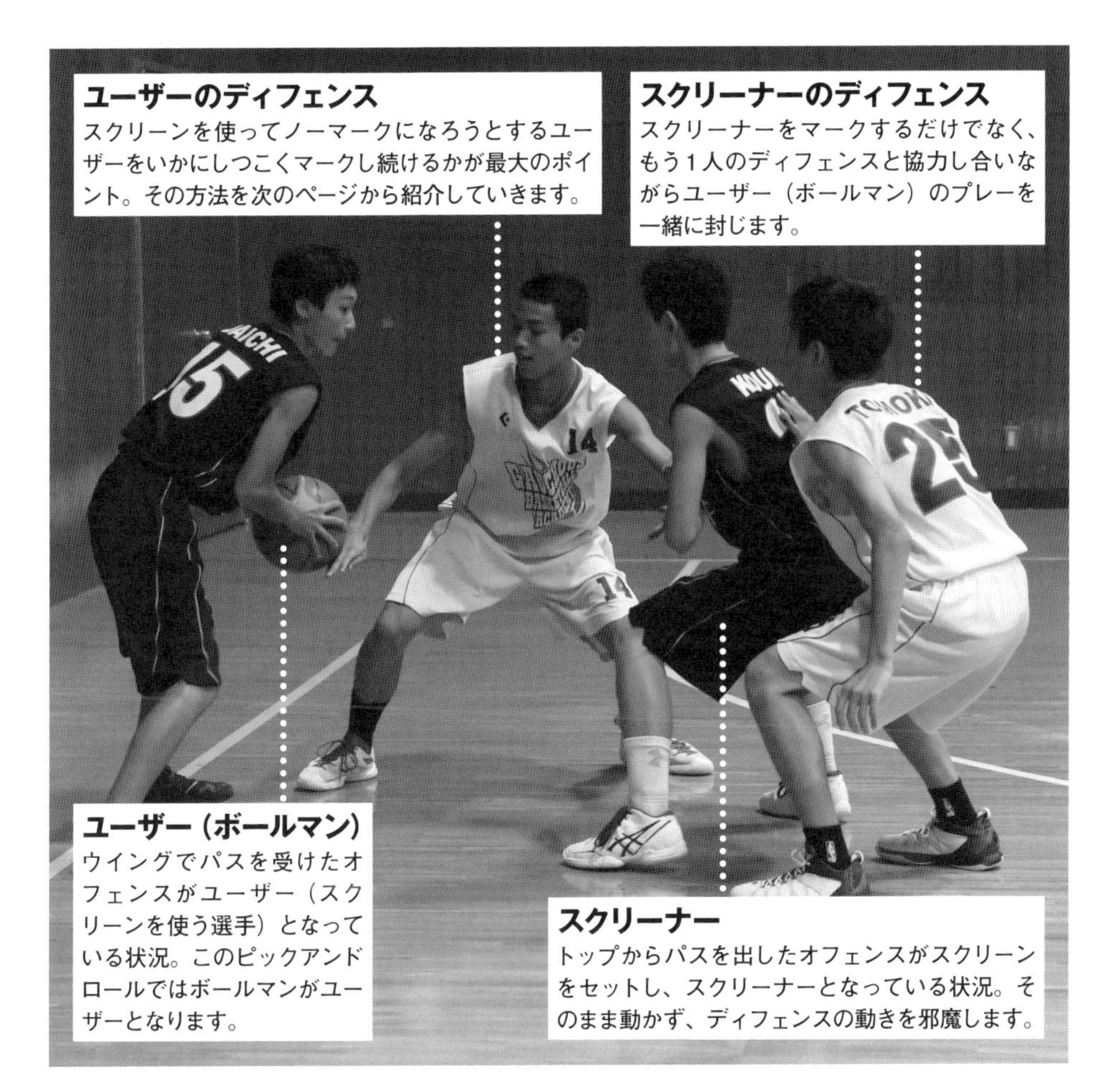

ートチャンスを作ろうとするチームが多くなっているのです。

そのような目的に適う攻撃法の代表格が「オンボールスクリーン」すなわちボールがあるエリアでのスクリーンプレーです。「スクリーン」とは攻撃の一人が壁となり、ディフェンスの動きを邪魔しながらシュートチャンスを作る攻防を意味します。

つまりディフェンスとしては、このスクリーンプレーをいかに封じるかが試合で勝つ条件の一つにも相当するわけです。そこで第5章と第6章ではスクリーンプレーを封じ込めるディフェンスを細かく見ていこうと思います。まず次のページで紹介するのはボールマンに対してスクリーンをセットする「ピックアンドロール」に対するディフェンスです。

ピックアンドロール②ファイトオーバー

スクリーンプレーにおける理想的なディフェンス

速やかに足を入れながらスクリーンをかいくぐる

ピックアンドロールに対するディフェンスの理想型から紹介します。ユーザーのディフェンスが、ユーザーをしつこくマークし続ける「ファイトオーバー」です。

【写真1】 スクリーンをセットし終える前に、スクリーナーのディフェンスが「左（に立つ）スクリーン！」とユーザーのディフェンスに教えます。

【写真2】 ユーザーのディフェン

TEAM RULE 「ショウ」と「ショウアップ」

スクリーナーのディフェンスがユーザーに姿を見せてファイトオーバーのためのすき間を作る技術は「ショウ」です。さらに高い位置まで出てドリブルのコースに入る技術は「ショウアップ」とも呼ばれます。このショウアップはユーザーを止めることが最優先。スクリーナーの動きを警戒する場合は、ショウにとどめてすぐに戻れるようにしておくほうが安全です。

図1

スは右足を踏み込んで、ノーミドルからディレクションを変えてスクリーンのほうに方向づけします。

【写真3】 そこにスクリーナーのディフェンスが姿を見せます。これを「ショウ」といいます。それによってユーザーとスクリーナーとの間にスペースが生まれます。

【写真4】 そのすき間にユーザーのディフェンスが速やかに足を入れながらスクリーンをかいくぐります。これが「ファイトオーバー」です。その言葉どおり「戦う」姿勢を前面に出してください。

【写真5】 ユーザーとスクリーナーに対してディフェンスは、自分の本来のマークマンを変えずに対応し続けます。それがファイトオーバーを理想型とする理由です。

ピックアンドロール③スイッチ

マークマンを換えて対応する

スクリーナーにスリップされないように対応

ファイトオーバーを狙うディフェンスに対して、オフェンスも工夫してきます。たとえばスクリーナーのディフェンスがショウアップしているすきに、スクリーナーがスリップして（ゴール方向に動いて）ユーザーからパスを受けるのです。そこでユーザーのディフェンスがスクリーンに引っ掛かりそうなケースでは、マークマンを換えて対応する「スイッチ」を使

TEAM RULE ミスマッチを考え合わせる

すべてスイッチで対応する「オールスイッチ」のチームもありますが、気をつけなければならないのは、身長のミスマッチです。2メートル近いスクリーナーがスリップしようとしている時に、小さなガードが対処しようとしても、「高さのミスマッチ」で1対1ではなかなかおさえられません。逆にアウトサイドではスピードのあるガードに対してビッグマンがマッチアップすれば、「速さのミスマッチ」で抜かれる危険性が高まります。そのようなリスクマネージメントも整えたうえでスイッチしましょう。

図1

います。

【写真1、2】 スクリーナーのディフェンスが「左スクリーン！」とコールします。それでもユーザーのディフェンスがスクリーンに引っ掛かりそうなら、どちらかが「スイッチ！」とコールすると同時に、スクリーナーのディフェンスがユーザーに対処します。

【写真3】 ユーザーのディフェンスはスクリーナーにスリップされないように、速やかにゴール方向にポジションをとります。

【写真4】 2人のディフェンスがマークマンを換えて対応します。

このディフェンスのポイントは、「スイッチ！」の声です。ピックアンドロールに対しては、たとえば声を出さなければファイトオーバー、スイッチの時には声で知らせても良いでしょう。

ピックアンドロール④ブリッツ

意表をついて2人がかりではさむ

ドリブルが止まったら「デッド!」とコール

ボールマンであるユーザーは、ディフェンスがファイトオーバーでもスイッチでも1対1の状況になることを予想します。そこで2人がかりではさむようにディフェンスすることで、相手の意表をつくことができます。これは「ブリッツ(※攻撃するという意味)」や「トラップ(※罠という意味)」と呼ばれる戦術です。ボールマンのキープ力に難がある時、または

TEAM RULE スクリーナーのディフェンスが先導する

ユーザーを止めるのに、ファイトオーバー、スイッチそしてブリッツ、いずれを使うにせよ、スクリーナーのディフェンスがイニシアチブを握っているのがわかると思います。セットされたスクリーンが見えにくくビジョンが限られているユーザーのディフェンスに対して、声（コミュニケーション）で伝えながらポジショニングを指示しているわけです。

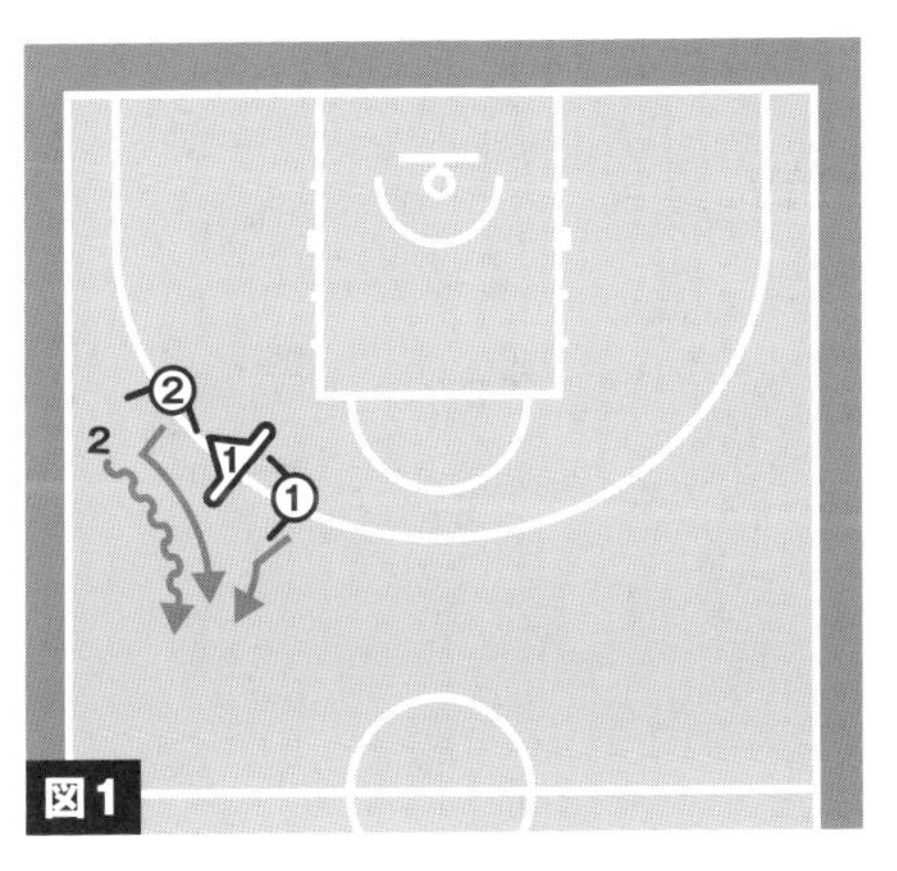

試合状況によってアグレッシブなディフェンスで相手のミスを誘う必要がある時などに使われます。

【写真1、2】 スクリーナーのディフェンスが「左スクリーン！」とコールしながらユーザーに対してショウアップします。同時にユーザーのディフェンスはスクリーナーをケアせず、ファイトオーバーでユーザーにプレッシャーをかけ続けます。

【写真3】 ディフェンス2人でユーザーをはさみながらゴールから遠ざけます。パスを出す動きを見せたらパスカットを狙います。

【写真4】 ドリブルが止まったら「デッド（Dead）！」とコールしてプレッシャーを強めます。それに伴い、まわりの選手もディナイを強めながら、インターセプトを狙いましょう。

トレールプレー①ファイトオーバー
スクリーナーがボールマンとなるプレーに対応する

ショウディフェンスからファイトオーバーに

ピックアンドロールではボールマンがユーザーでした。逆に、スクリーナーがボールマンとなり、ユーザーが走り込んでパスを受けるスクリーンプレーもあります。これは「トレールプレー」と呼ばれ、ハンドオフ（手渡し）パスとなります。そのトレールプレーに対するファイトオーバーのディフェンスを見ていきましょう。

[写真1、2] ツーガードポジショ

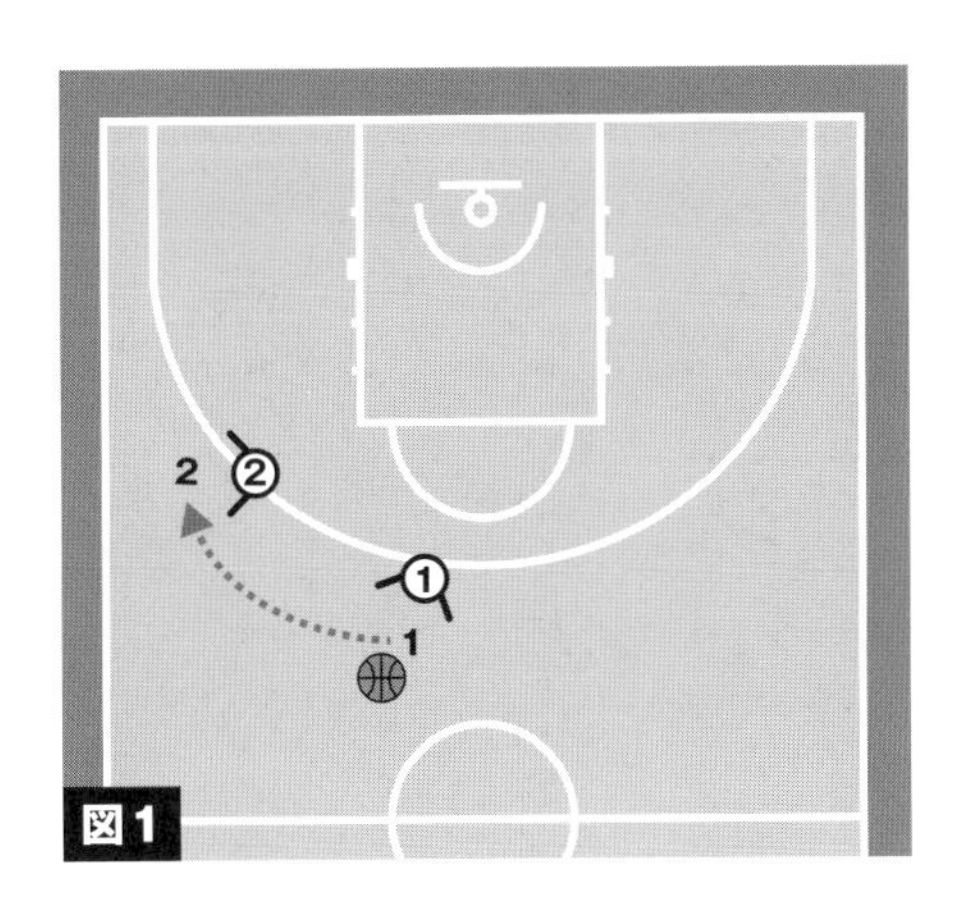

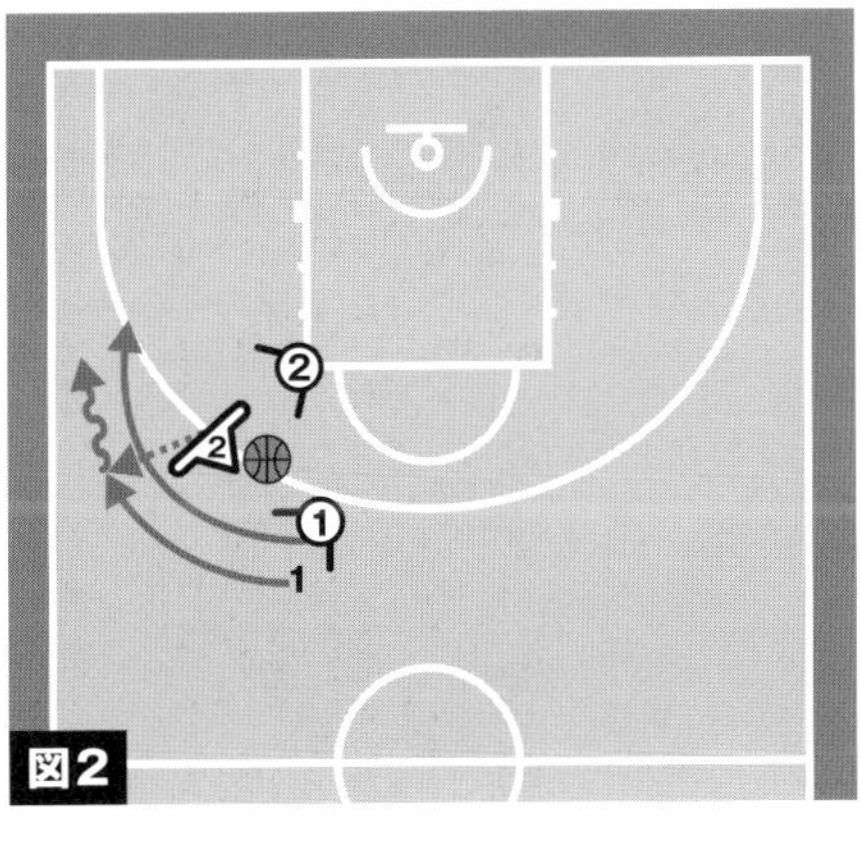

ンからウイングにパスを出したオフェンスが、パスを受けた選手のほうに走り込みます。その動きに置いていかれないようにディフェンスもついていきます。

[写真3] ボールマンがスクリーナー、走り込むオフェンスがユーザーとなるトレールプレーの形です。

[写真4] ハンドオフパスの瞬間を別角度から見てみましょう。ポイントはスクリーナーのディフェンスが一度ショウすることです（89ページ）。それによってユーザーのディフェンスがファイトオーバーしやすくなります。

[写真5、6] このようにハンドオフパスを受けたユーザー、スクリーナー、それぞれに対してマークマンを換えずに対応できることが理想です。

トレールプレー②スイッチ

スクリーナーのドライブも警戒する

ファイトオーバーが難しい状況では「スイッチ！」

このトレールプレーで警戒しなくてはならないのは、ハンドオフパスを受けるユーザーのシュートだけではありません。ボールマンであるスクリーナーがハンドオフパスせず、自らがドライブする可能性もあります。そのプレーを封じるためにはマークマンを換えて対応する「スイッチ」も有効です。写真を見ていきましょう。

【写真1】 オフェンスがハンドオ

TEAM RULE ミスマッチはOKか !?

ピックアンドロールと同様、マークマンを換えるだけにミスマッチについて配慮する必要があります (91 ページ)。大事なのは２人以外のディフェンスもカバーする用意をしておくことです。ユーザーがスピードを活かしてドライブするケース、またはスクリーナーが高さを活かしてゴールに近いエリアでポジションをとるケースなどを想定して、チームディフェンスを機能させましょう。

スクリーナーのディフェンスがユーザーに、ユーザーのディフェンスがゴールラインにポジションをとる

マークマンを換えることでシュートを防げる

図1

フパスする際、ボールマンであるスクリーナーのドライブを警戒する場合は、スクリーナーのディフェンスは不用意にショウをしません。ゴールとボールマンを結んだ線上、ゴールラインにポジションをとるということです。

【写真2】 ショウがないためファイトオーバーが難しい状況です。このままではユーザーにシュートを打たれるので、ディフェンスの2人が「スイッチ！」と声を出します。

【写真3】 スクリーナーのディフェンスがユーザーをマークし、ユーザーのディフェンスがスクリーナーをマークします。

【写真4】 トレールプレーからすぐにシュートを打たせないことを最優先にする場合にも、このスイッチが効果的に使えます。

ドリブルスクリーン①ファイトオーバー

ドリブルからのハンドオフパスに対応する

ドリブルするオフェンスがスクリーナーとなるプレー

トレールプレーに似たスクリーンプレーとして「ドリブルスクリーン」があります。その文字どおりドリブルを止めてすぐにハンドオフパスを行う格好になります。つまりドリブルするオフェンスがスクリーナー、そこに近づいてパスを受けるオフェンスがユーザーという形です。そのドリブルスクリーンに対してファイトオーバーでディフェンスするシーンを見て

TEAM RULE ユーザーのシュートよりドライブを警戒

このドリブルスクリーンは、スピードにのった状態で行われることが多いだけに、パスを受けてすぐに3ポイントシュートに持ち込むのは至難です。そこでディフェンスとしては特にドライブを警戒しておいたほうが賢明でしょう。ハンドオフパスを受けた瞬間、さらに加速してドライブに持ち込む相手を止められるように準備してください。

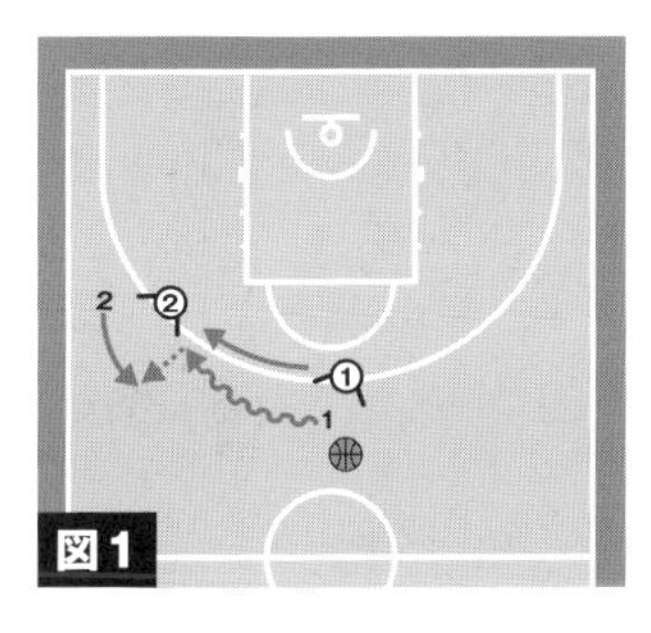
図1

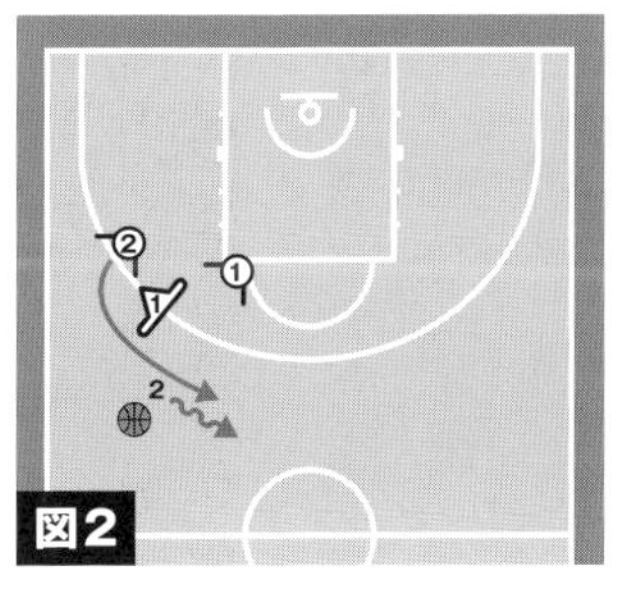
図2

みましょう。

【写真1】ツーガードポジションからドリブルするオフェンスに向かって、ウイングからもう1人のオフェンスが走り込むシーンです。

【写真2】ドリブルを止めた直後、ハンドオフパスするオフェンスに対して、ドリブラーをマークしていたディフェンスがショウします。

【写真3、4】オフェンス2人の間にできたスペースに、ディフェンスが足を入れてファイトオーバーします。

【写真5】ショウしたディフェンスはすぐさま自分のマークマンであるスクリーナーに戻ることによって、マークマンを換えずに対応することができます。

ただしこのスクリーンについては次のページで紹介するスイッチが有効に使えます。

ドリブルスクリーン②スイッチ

シュートよりドライブを警戒する

2人のオフェンスがスピードにのった状態…

ドリブラーのディフェンスが、ボールマンのコースに入る

ドリブルのコースに素早く入ることを優先

素早いドリブルに対して、もう1人が走り込んでパスを受けるドリブルスクリーンは、スピードにのった状態で行われることが多いプレーです。ディフェンスとしてはそのスピードに置いていかれてはいけません。言い換えると、ドリブルのコースにいち早く入ることを優先したほうが良いということです。そしてショウした後に、マークマンを受け渡す時間も作り

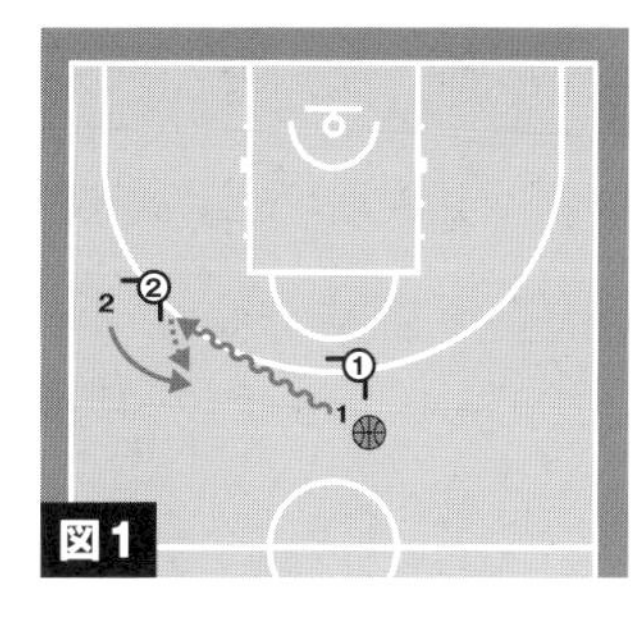

図1

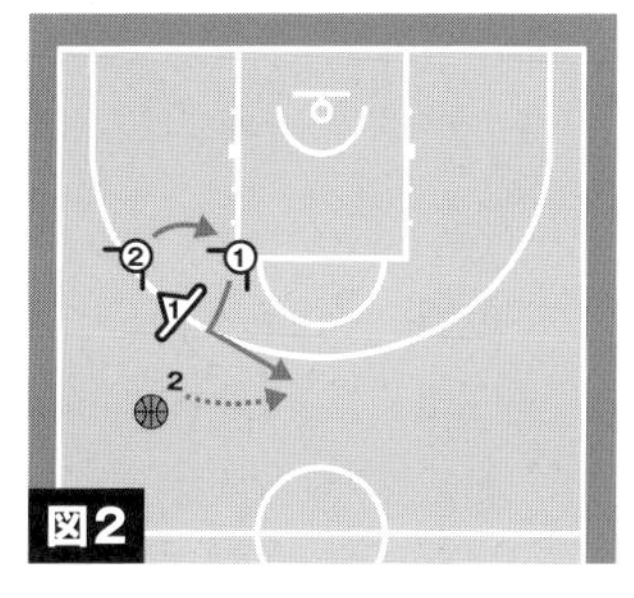

図2

4

5

ボールマンをゴールに近づかせない

TEAM RULE シュートを打たざるを得ないケースでは…

スピードにのった状態からパスを受けてすぐさま3ポイントシュートを高確率で決められるのは、かなりのレベルにある選手です。それだけにドライブ優先でディフェンスしたほうが賢明ですが、ひとつだけ注意したいことがあります。それはピリオドの終了間際などシュートを打たざるを得ないケースです。打たれないのが理想ですが、たとえ打たれるにしても手をのばして苦しいシュートを打たせるように、最後まで集中を切らさずディフェンスしましょう。

にくいだけに「スイッチ」を有効に使うべきです。

【写真1、2】 ドリブラーと走り込む選手のスピードに、それぞれのディフェンスがついていきます。

【写真3】 ハンドオフパスを受けるオフェンスがさらに加速してドライブすることを読んで、ドリブラーのディフェンスがいち早くコースに入ります。

【写真4】 ショウしてマークマンを受け渡せない場合など、ディフェンスのどちらかが「スイッチ！」とコールしてマークマンを換えて対処します。

【写真5】 ドリブルスクリーンでは3ポイントシュートよりドライブを警戒したほうが賢明です。ゴールからボールマンを遠ざけた後は、ノーミドルのディレクションに戻しましょう。

Column

オンボールスクリーンにおける「V・P・C」の確認

ユーザーとスクリーナーのディフェンスが情報を共有

ピックアンドロール、トレールプレー、そしてドリブルスクリーン、どのプレーにおいても「V・P・C」が重要なテーマとなります。局面によって多少の違いはありますが、オンボールのスクリーンプレーにおけるビジョン、ポジショニング、コミュニケーションはこのように整理できます。

●ユーザーのディフェンス

V…自分のマークマンをおさえることに集中しながら、できるだけまわりの状況も把握する努力をします。

P…マークマンに対してワンアームアウェーの距離を保ちつつ、時にはクッションアウェーで間合いをつめてポジションをとります。

C…まわりからの指示を聞く準備をしつつ、「スイッチ！」など自らの要求も声を出すようにします。

●スクリーナーのディフェンス

V…ユーザーの1対1、そしてスクリーナーの立つ位置、角度をしっかりと見ておきます。

P…スクリーナーがゴール方向に侵入しないポジションをとりつつ、ショウなどユーザーをケアするポジショニングも的確に行います。

C…2対2の攻防全体を最も把握できる立ち場です。スクリーンがセットされる情報を皮切りに、「スイッチ！」などの声を積極的に出しましょう。ユーザーと情報を共有し、共通理解のもとでディフェンスすることによって、相手のスクリーンプレーに対して冷静に対処できるようになります。

第6章

オフボールのスクリーンプレー

ボールがないエリアでも気を抜かない

Offball Screen

ダウンスクリーン①基本
ボールがないエリアで行われるスクリーンプレー

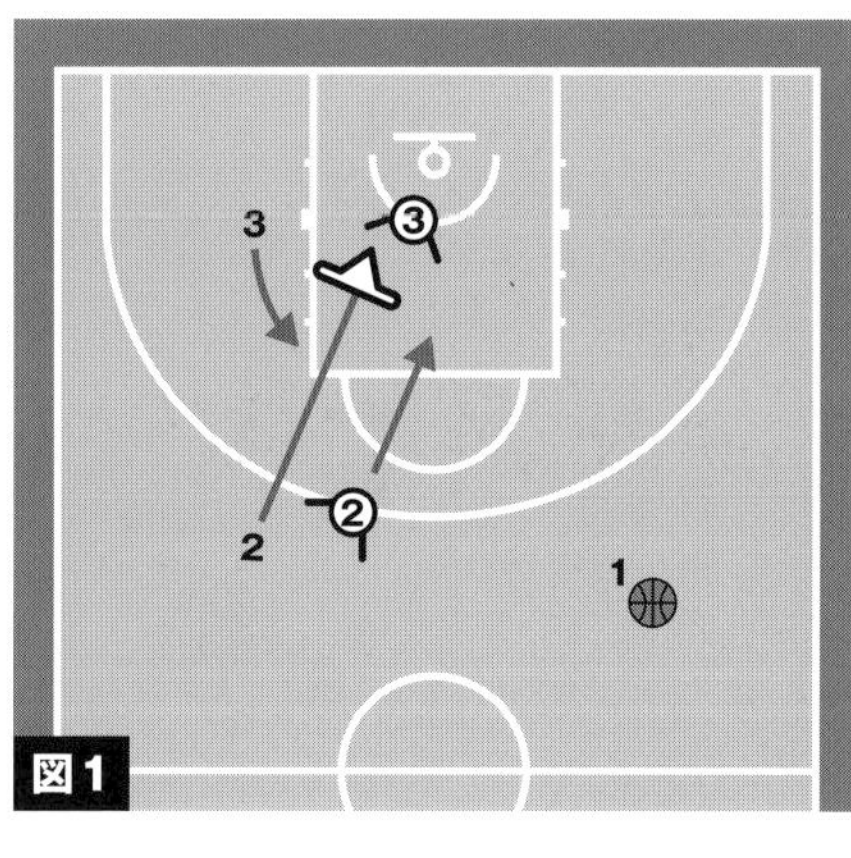

ノーマークのチャンスを作る相手に対応する

次に紹介するのは、ボールがないエリアで行われるスクリーンプレーです。前章のピックアンドロールなどボールがあるエリアで行われるのがオンボールのスクリーンプレーであるのに対し、これから触れるのは「オフボールのスクリーンプレー」ということになります。

チームオフェンスを機能させて戦うレベルの高いチームは、ボー

TEAM RULE オフボールで有効な技術

ディフェンスをかいくぐりユーザーをマークし続けるのはファイトオーバーですが、それと似た格好でユーザーの真後ろを追うようなディフェンスは「フォロー」または「チェイス」とも呼ばれています（106ページ）。オフボールのスクリーンプレーのように広いスペースでは、フォローや「スライド」（108ページ）が多くなることを覚えておいてください。

ルがないエリアでもスクリーンプレーを行い、ノーマークの選手を作ろうとします。そうしてタイミングを計ってパワーサイドからボールを展開し、シュートチャンスを作ります。ディフェンスとしてはそうしたオフェンスをさせないように、スクリーンプレーに対応しなくてはなりません。スクリーンをセットしたところまでの写真を見てみましょう。

【写真1】 ボールは右サイド、左サイドで2対2の状況からスクリーンプレーが行われようとしています。

【写真2】 スクリーンがセットされ、ユーザーがノーマークになろうとしています。それに対してユーザーとスクリーナーの、2人のディフェンスがどう対応するか、次のページから説明していきます。

ダウンスクリーン②ファイトオーバー／フォロー

パワーサイドの状況も把握しながら対応する

ビジョンをいち早く確保するように

ゴール方向に体を向けてスクリーンをセットし、アウトサイドにノーマークを作る「ダウンスクリーン」に対してのディフェンスを写真で見ていきましょう。

【写真1】 スクリーンプレーの狙いが見えたらすぐに、スクリーンをセットしようとする選手のディフェンスを中心に「スクリーン！」とコールします。ユーザーのディフェンスはピストルポジションで

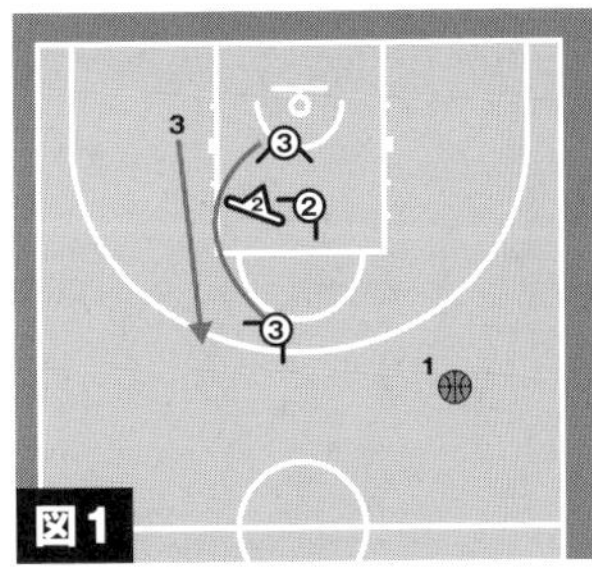

4
ユーザーに対してディナイ

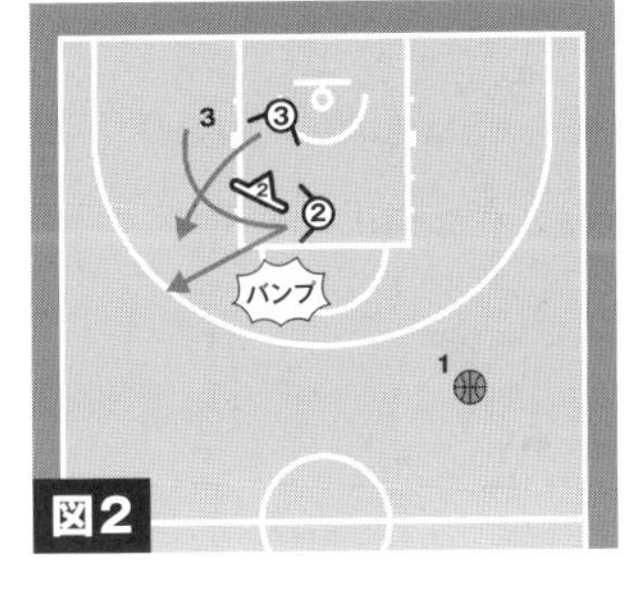

TEAM RULE 「カールカット」に対してバンプ

ユーザーはディフェンスを振り切ろうと、スクリーナーを巻き込むように使いながらボールマンやゴール方向にカットする場合があります。その「カールカット」に対して、（図2のように）スクリーナーのディフェンスが半身の体勢でバンプして食い止めます。そうしてユーザーのディフェンスに受け渡して、マークを継続しましょう。

パワーサイドを見ているケースが多いため、コミュニケーションが大切です。

【写真2】 ユーザーの動きを遅らせるため、スクリーナーのディフェンスがショウします。同時にパワーサイドへのビジョンもいち早く確保してください。ボールマンのドライブなどに対応（ヘルプ）するためです。

【写真3】 ユーザーに対してファイトオーバーで対応します。または、ユーザーを後追いする「フォロー」も使えます。

【写真4】 ユーザーに対しディナイ、スクリーナーのディフェンスがピストルポジションをとります。

【写真5】 ウィークサイドの2人のオフェンスをしっかりとマークしながら、パワーサイドの状況も把握できているディフェンスです。

ダウンスクリーン③スライド

スクリーナーとディフェンスとの間をすり抜ける

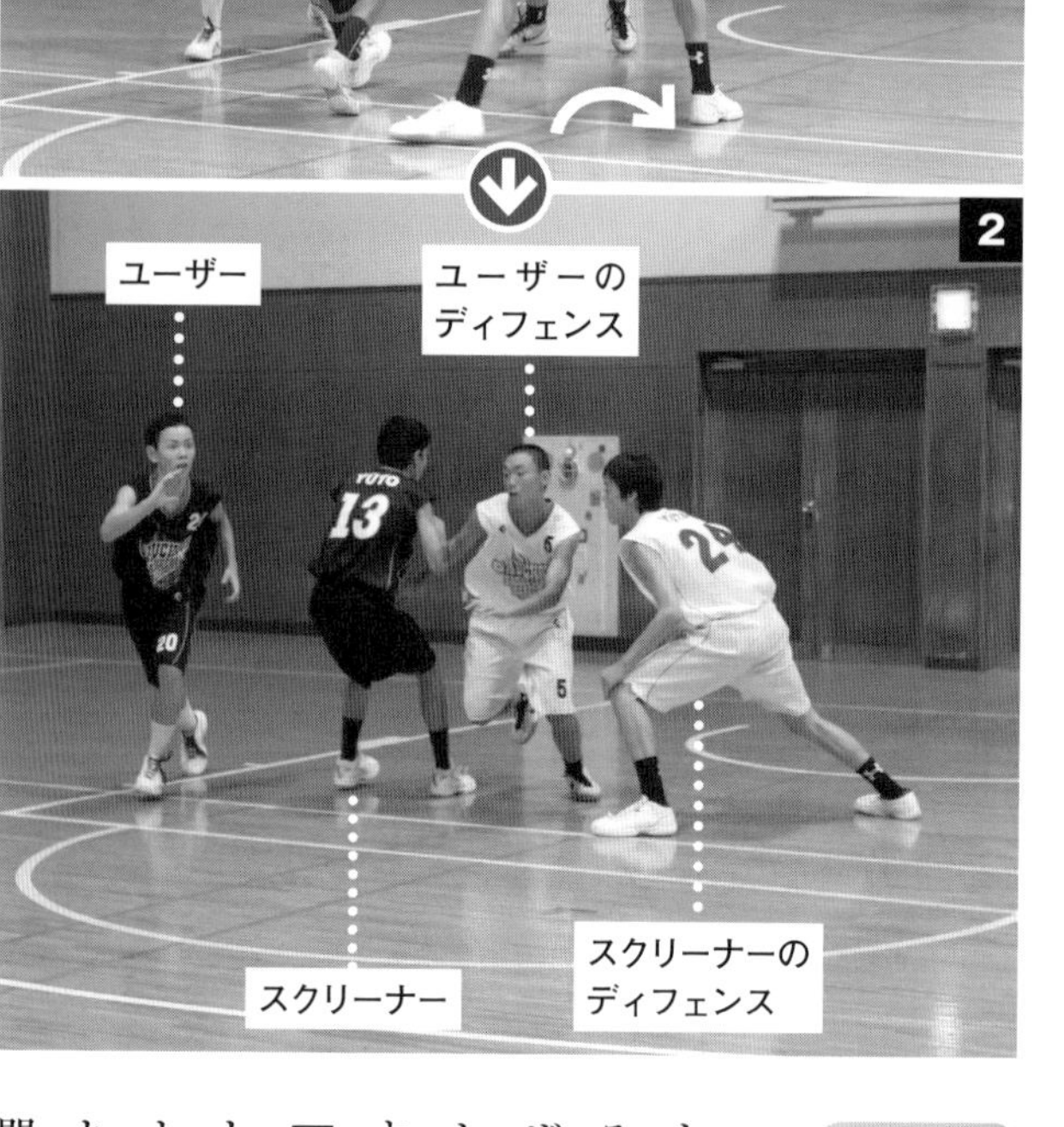

オフボールでこそ有効に使えるディフェンス技術

オンボールのスクリーンプレーとの一番の違いは、スライドによる対応です。スライドとは、ユーザーのディフェンスがスクリーナーとそのディフェンスとの間を、すり抜けることを意味します。

【写真1】 ファイトオーバーが難しいと判断した場合、スクリーナーのディフェンスがジャンプするような動きで、スクリーナーとの間にすき間を作ります。

TEAM RULE カールカットに対してはNG

107ページで紹介したカールカットに対してスライドしてしまうと、ユーザーにコーナー方向へと動かれてノーマークとなってしまうので気をつけてください。カールカットに対してはスクリーナーのディフェンスが半身でバンプです。

図2

3

4

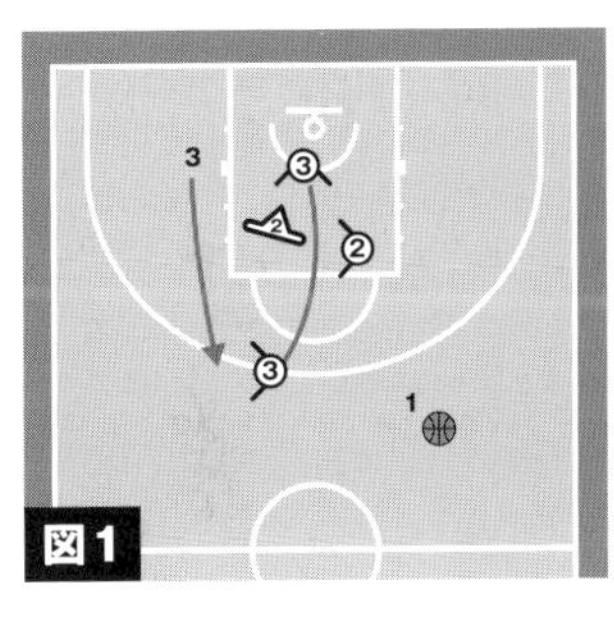
図1

[写真2] ユーザーのディフェンスはそのすき間を走り抜け、可能であればスクリーナーのディフェンスが、ユーザーのディフェンスの背中を押してあげると、より加速することができます。

[写真3] ユーザーのディフェンスは、いち早くパスコースに入ってディナイします。

[写真4] スライドを有効に使うことによって、2人のオフェンスをしっかりとマークしながらパワーサイドの状況も把握しやすくなります。

このスライドの良いところは、スクリーナーのディフェンスがショウする必要がないため、スクリーナーに対するマークに集中できる点です。言い換えるとスクリーナーのスリップ（ゴール方向に飛び込む動き）も封じられるのです。

ダウンスクリーン④スイッチ

ウィークサイドでマークマンをチェンジ

高さと速さのミスマッチに対応できるようにしておく

ユーザーのディフェンスがファイトオーバーやフォロー、そしてスライドをしようとしてスクリーンに引っ掛かってしまいそうなケースでは、マークマンを「スイッチ」するのも手です。

［写真1］ ユーザーのディフェンスがマークマンについていけず、「スイッチ！」とコールし合います。

［写真2］ ユーザーのディフェン

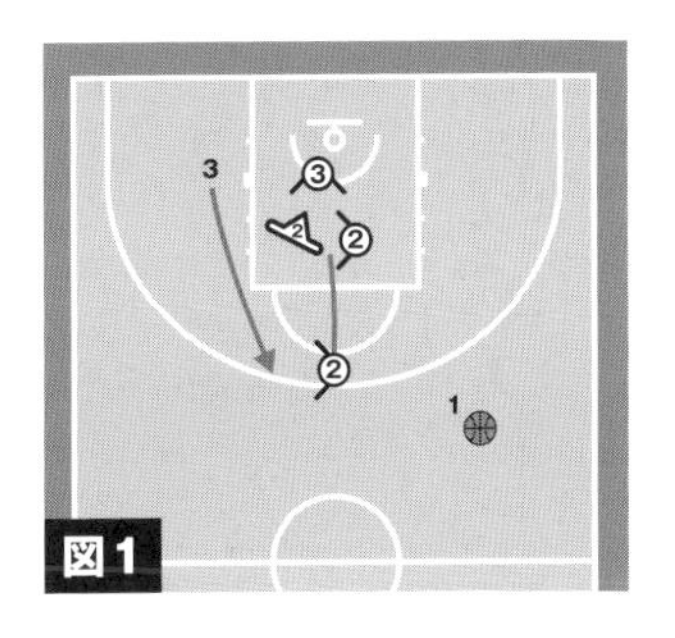

TEAM RULE カールカットに対してはNG

身長差がなければスイッチは有効な手段ですが、ミスマッチのリスクは伴います。特に107ページで紹介したカールカットでスクリーナーがビッグマンの場合、スイッチしてしまうと、インサイドを狙われます（図2）。この場合もスクリーナーのディフェンスが半身の体勢でバンプするプレーを徹底してください。

スがスクリーンに引っ掛かっている状況で、スクリーナーのディフェンスがユーザーとの間合いをつめてパスコースをおさえます。

【写真3】 ユーザーに対してディナイし、もう1人がスクリーナーのスリップを警戒します。

【写真4】 ウィークサイドの2人のオフェンスをしっかりとマークしながらパワーサイドの状況も把握できているディフェンスですが、気をつけなければならないことがあります。

インサイドで高さのミスマッチが生じている場合、パスが入ると同時に2人がかりで対処できるようにしておくこと。一方、アウトサイドで速さのミスマッチが生じている場合、パスが渡ってドライブで抜かれてもチームディフェンスで対応できるようにしましょう。

アップサイドスクリーン①ファイトオーバー／フォロー

インサイドにノーマークを作るプレーに対応する

「スクリーン」コールしてチームメイトに知らせる

次に紹介するアップサイドスクリーンはダウンスクリーンとは対照的に、スクリーナーが体をセンターライン方向に向け、インサイド方向にノーマークを作るプレーです。ユーザーのディフェンスは背後からスクリーンをセットされる格好となるだけに、スクリーナーのディフェンスとのコミュニケーションが欠かせません。

【写真1】 オフェンスがアップサ

図2

TEAM RULE ショウはしないように！

ユーザーのディフェンスのファイトオーバーを助けようと、スクリーナーのディフェンスはショウしたくなるかもしれません。しかしアップサイドスクリーンではユーザーに寄ってしまうと、スクリーナーがスリップして（ゴールに近づき）パスを受けてシュートを決められます（図2）。したがってショウをしないようにして、間合いを空けてピストルポジションをとります。それによってユーザーのディフェンスがスライドもしやすくなります。

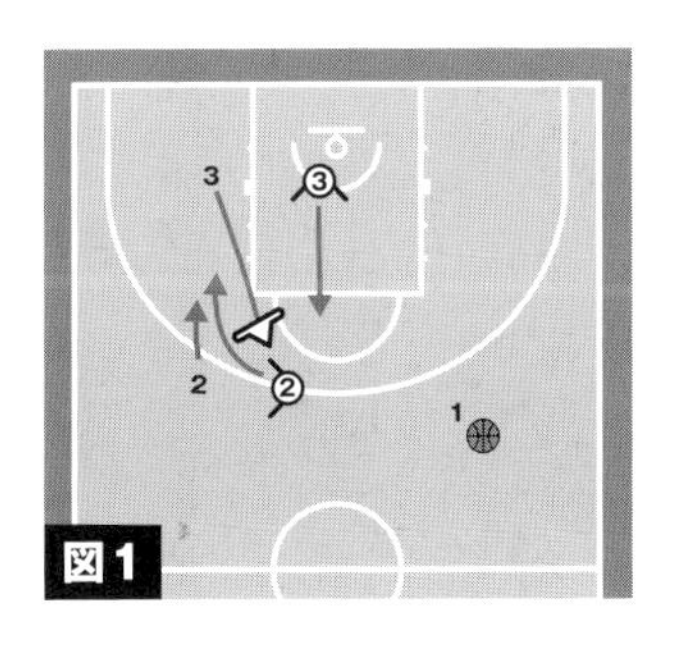

図1

4

イドスクリーンをセットする動きを見せたら、スクリーナーのディフェンスが「スクリーン！」とコールして、ユーザーのディフェンスに知らせます。

【写真2】 ユーザーのディフェンスはユーザーの動きを把握しながら、スクリーンに引っ掛からないように気をつけます。

【写真3、4】 ユーザーのディフェンスはファイトオーバーで対処し、スクリーナーのディフェンスは、パスコースをディナイで封じています（図1）。

このようにダウンスクリーンと同じ流れで対処するのも間違いではありませんが、アップサイドスクリーンの場合、別の方法が求められるケースが多いです。そのディフェンスについて、次のページで紹介しましょう。

アップサイドスクリーン②コンタクト

実戦で求められる駆け引き

ユーザーとコンタクトして動きを封じ込める

アップサイドスクリーンに対するディフェンスについて、ゲームライクな形でもう少し細かく説明します。

【写真1、2、3】 スクリーナーのディフェンスから「スクリーン!」とコールされたら、ユーザーのディフェンスはスクリーンに引っ掛からないようにし、ユーザーとコンタクトして動きを封じ込めます。特にユーザーは進みたい方向

TEAM RULE 引っ掛かりそうになったら…

ユーザーのディフェンスがアップサイドスクリーンに引っ掛かりそうな場合はスライドまたはスイッチして、ユーザーをおさえることもできます。スイッチの際はディフェンスのどちらかが「スイッチ！」とコールして共通理解のもとでディフェンスしましょう。

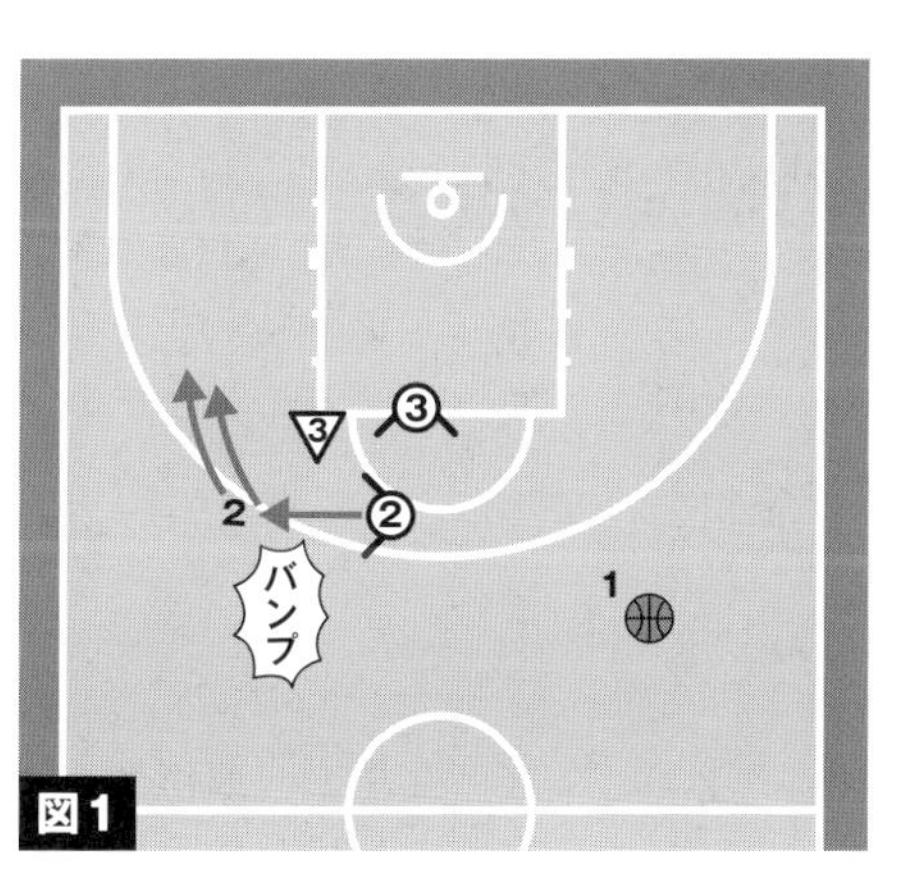

図1

とは逆方向（ミドル）に一度進む素振りを見せることが多いので、コンタクトするチャンスは作りやすいはずです。ただしファウルをとられないように、お互いに押し合うことがポイントです。

そしてユーザーがコンタクトしている間、スクリーナーのディフェンスはやや間合いを空けてピストルポジションをとり、スクリーンプレーの攻防とボールマンの状況、両方を視野に入れます。

【写真4】 ユーザーをおさえられたら、スクリーナーのディフェンスはディナイしてパスコースを封じます。

【写真5】 ユーザーをアウトサイドにとどめられた場合、そのディフェンスはピストルポジションに移行します。

3ポイントシュートを打たれない

スクリーナーのディフェンスがコールして2人をケアする

主にウイングからコーナーのエリアで3ポイントシュートのチャンスを作る「フレアースクリーン」を使うチームも少なくありません。それに対処できるようにしておきましょう。

【写真1、2】 ウィークサイドのツーガードポジションとコーナーにオフェンスがいる状況です。コーナーの選手がフレアースクリーンをセットする動きを見せたら、そ

TEAM RULE スクリーナーの背後のスペースを使わせない

基本的にスクリーンプレーの狙いは、スクリーナーの背後のスペースを使うことです。ダウンスクリーンならアウトサイド、アップサイドスクリーンならインサイド、そしてフレアースクリーンならウイングやコーナーです。そのスペースをいかに使わせないかをチームとして意識するようにしましょう。

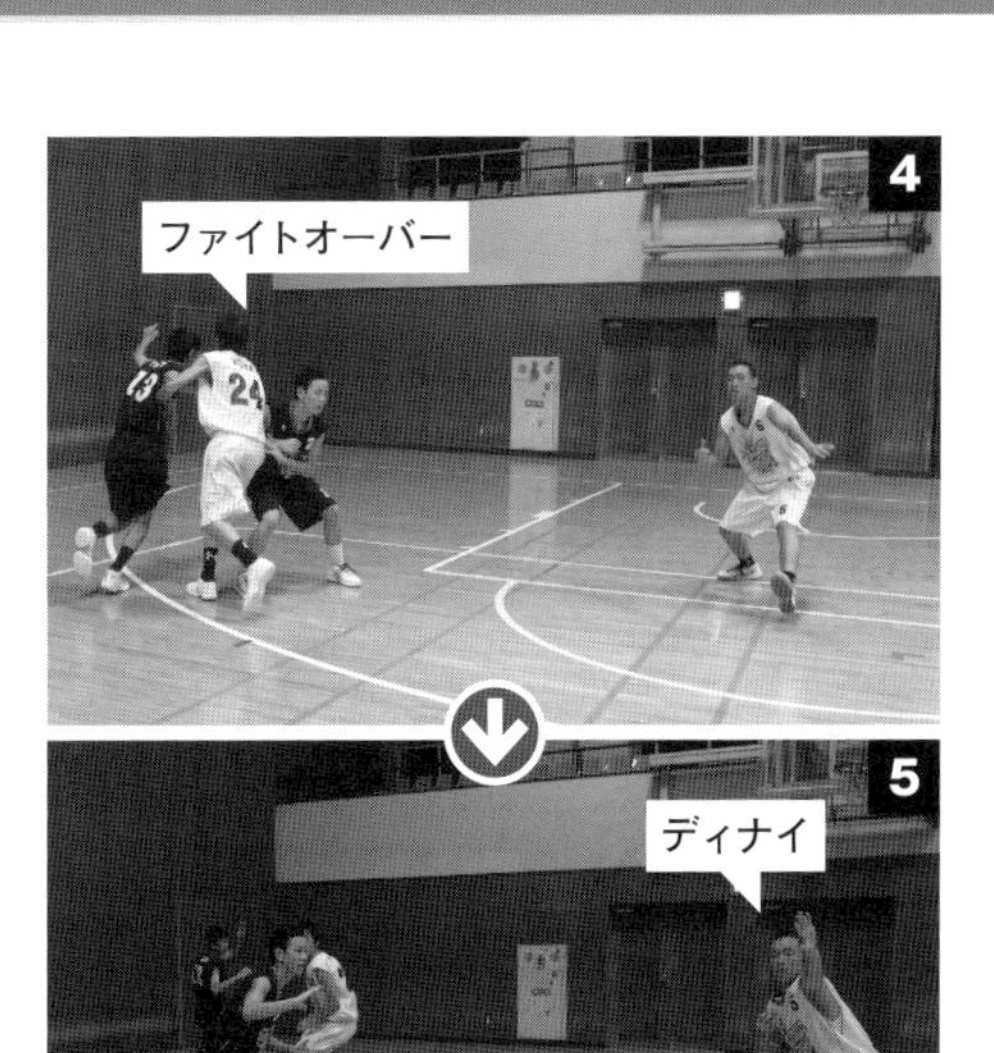

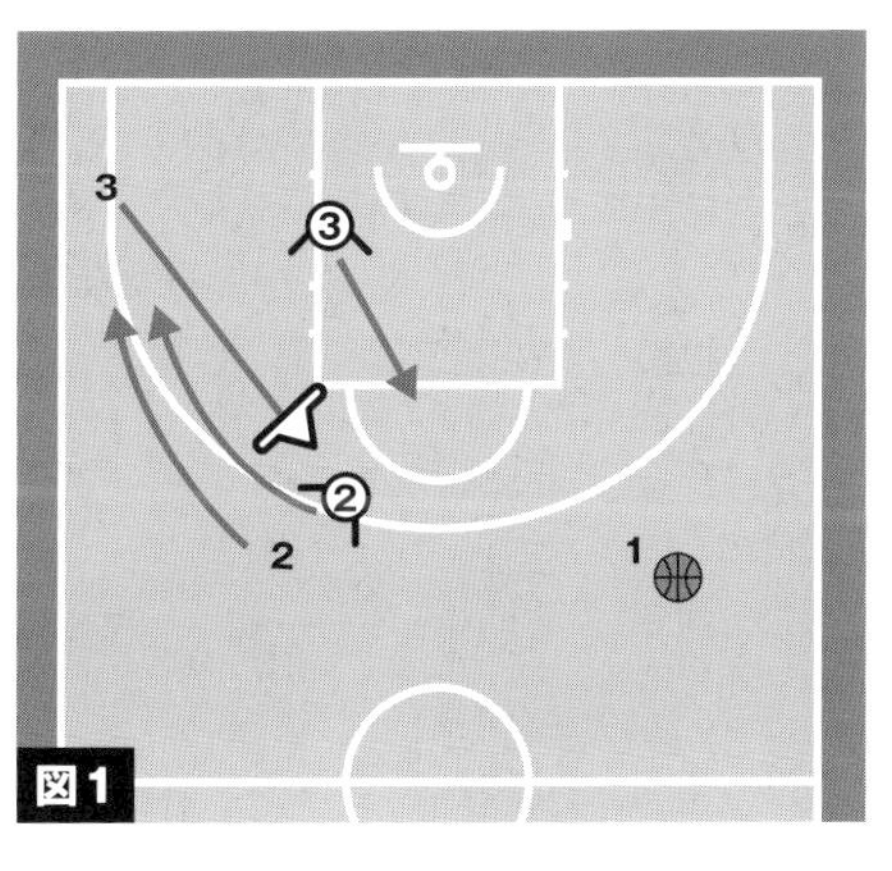

図1

のディフェンスが「スクリーン！」とコールします。

【写真3】ユーザーをマークしつつ、スクリーナーのディフェンスが2人を同時にケアできるポジションをとることが大切です。

【写真4】ユーザーのディフェンスはファイトオーバーします。

【写真5】そのままユーザーに対してディナイ。スクリーナーだったオフェンスもポップアウトして（3ポイントラインの外に出て）パスを受けようとするのでディナイします。

【写真6】ユーザーがコーナーにステイする（とどまる）場合、ユーザーのディフェンスは、速やかにピストルポジションに移行しましょう。

フレアースクリーン②スイッチ

3ポイントとスリップの危険性を回避する

「スイッチ！」とコールしたらマークマンを交換

このフレアースクリーンもアップサイドスクリーンのように、ユーザーのディフェンスの死角からセットされることが多いだけに、スクリーナーのディフェンスの「スクリーン」コールが大切です。そしてファイトオーバーやフォローでユーザーについていけない場合には、スイッチするのも手です。**【写真1、2】**スクリーンコールが遅れるなど、ユーザーのディフェ

TEAM RULE ビジョンを確保する

オフェンスがオフボールのスクリーンプレーを行う目的は、ウィークサイドでノーマークの選手を作るためだけではありません。もしウィークサイドでオフェンスが立ち止まっていたら、そのエリアにいるディフェンスはボールがあるパワーサイドの状況を正確に把握でき、必要に応じてヘルプできます。そうさせないことも狙いなのです。したがってディフェンスとしては、スクリーンプレーに対応しながらもビジョンを確保してコート全体の状況を把握することが大切なのです。

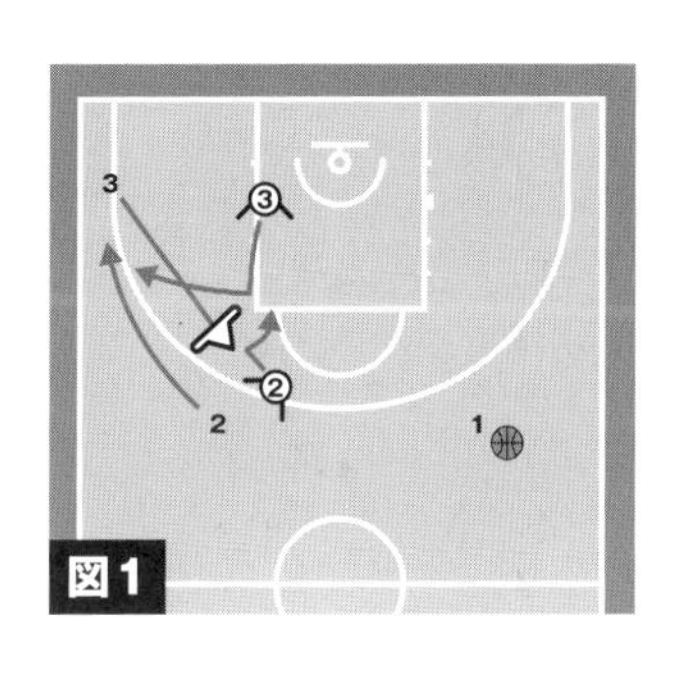

図1

ンスがスクリーンに引っ掛かりそうな状況です。このままではユーザーに3ポイントシュートを打たれたり、スクリーナーにスリップされる危険性があります。

[写真3] どちらかのディフェンスが「スイッチ!」とコールしたら、速やかにマークマンを交換して対処します。

[写真4] ユーザーをスクリーナーのディフェンスがマークし、スクリーナーがスリップしないようにユーザーのディフェンスがケアします。

[写真5] スクリーナーがポップアウトしてパスを受けようとした場合、しっかりとディナイしましょう。

一方、ユーザーがコーナーでステイしたら、ピストルポジションをとります。

フレアースクリーン③スライド

スライドで対応する際の注意事項

フレアースクリーンに対してスライドはOK？

これはフレアースクリーンに対してスライドで対処しようとしたものの、ウイングでパスを受けられてシュートを打たれているシーンです。

これがNGシーンかどうかは、シュートを打っている選手の特性によるところだと考えます。もし3ポイントシュートを得意とする選手であれば、ファイトオーバーやフォロー、そしてスイッチで対

TEAM RULE インサイドのスクリーンも警戒する

今回はミドルレンジ、およびアウトサイドでセットされるスクリーンプレーを通じてディフェンスの対処法を紹介しました。一つ加えておきたいのは、制限区域内でもスクリーンがセットされるケースがあるということです。その際にもマークマンを換えないファイトオーバーを基本としつつ、身長差がない場合にはスイッチを有効に使って対処してください。

図1

応するべきです。が、3ポイントシュートを得意とせず、ドライブを警戒すべき選手であるならばこのようにスライドで対処するのも手です。

[写真1、2、3] ユーザーのディフェンスにとってファイトオーバーやフォロー、そしてスイッチが難しくスライド、すなわちスクリーナーの逆側から先回りしようとしています。

[写真4] ユーザーはコーナー方向に動かず、ウイングでパスを受ける場合があります。

[写真5] たとえシュートを打たれるにしても、最後まで手をのばして苦しいシュートを打たせるようにします。このようにディフェンスとしてはスライドも選択肢に入れて良いと考えます。

Column

得点を絶対に与えたくない場合にシュート前のファウルはOK!?

ファウルコントロールでディフェンスを立て直す

スクリーンプレーに対してスイッチした際、高さや速さのミスマッチが生じることがあります。チームディフェンスで対応するのが理想ですが、土壇場の1、2点を争う状況では、シュート前のファウルをしても良いと考えます。

言い換えると、ファウルというのは「やってはならない行為」ではなく、「4回やっても良い行為」という考え方。個人ファウルは1試合で4回、チームファウルは各ピリオド4回ということになります。それ以下の回数でファウルを上手に使いながら、もう一度ディフェンスを立て直して戦うことを「ファウルコントロール」といいます。

それはオールコートの速攻にも当てはまります。ゴールに向かってドリブルする相手に対して、何もアクションを起こさなければ、ノーマークのレイアップシュートを決められて2点を献上してしまいます。その2点で勝敗が決まるような局面や、試合の流れが相手に大きく傾くような状況ではシュート前のファウルで止めるべきです。そういうファウルは、「ナイスファウル」なのです。

意図があって「するファウル」と、意図がなく「してしまったファウル」とでは、プレーの持つ意味が大きく異なるわけです。ただしレフェリーに故意のファウルととられると、相手にフリースローを与えるのに加え、リスタートも相手ボールからになるので気をつけてください。

第7章

オールコート
プレスディフェンス

前線からプレッシャーをかける

Allcourt Press

オールコートプレスディフェンス①基本

前線から激しくプレッシャーをかける

パスのレシーバーに対して
ディナイをしてパスコースを封じ、サイドラインやベースラインに追い込む。ただし相手にブラインド（裏）に走り込まれないように注意する。

得点を決められたチームのインバウンダーに対して
試合状況によってはこのインバウンダー（インバウンズパスを出す選手）の前にもディフェンスが立ちはだかり、プレッシャーをかける

脚力が備わっていることが前提となるディフェンス

ここからは一方のチーム（写真では白チーム）が得点を決めた直後、前線からディフェンスするシーンを想定した練習です。このようにオールコートで相手にプレッシャーをかけるシステムは「オールコートプレスディフェンス」と呼ばれています。

このオールコートプレスディフェンスを継続して行ううえでは、各選手にアジリティ（脚力）

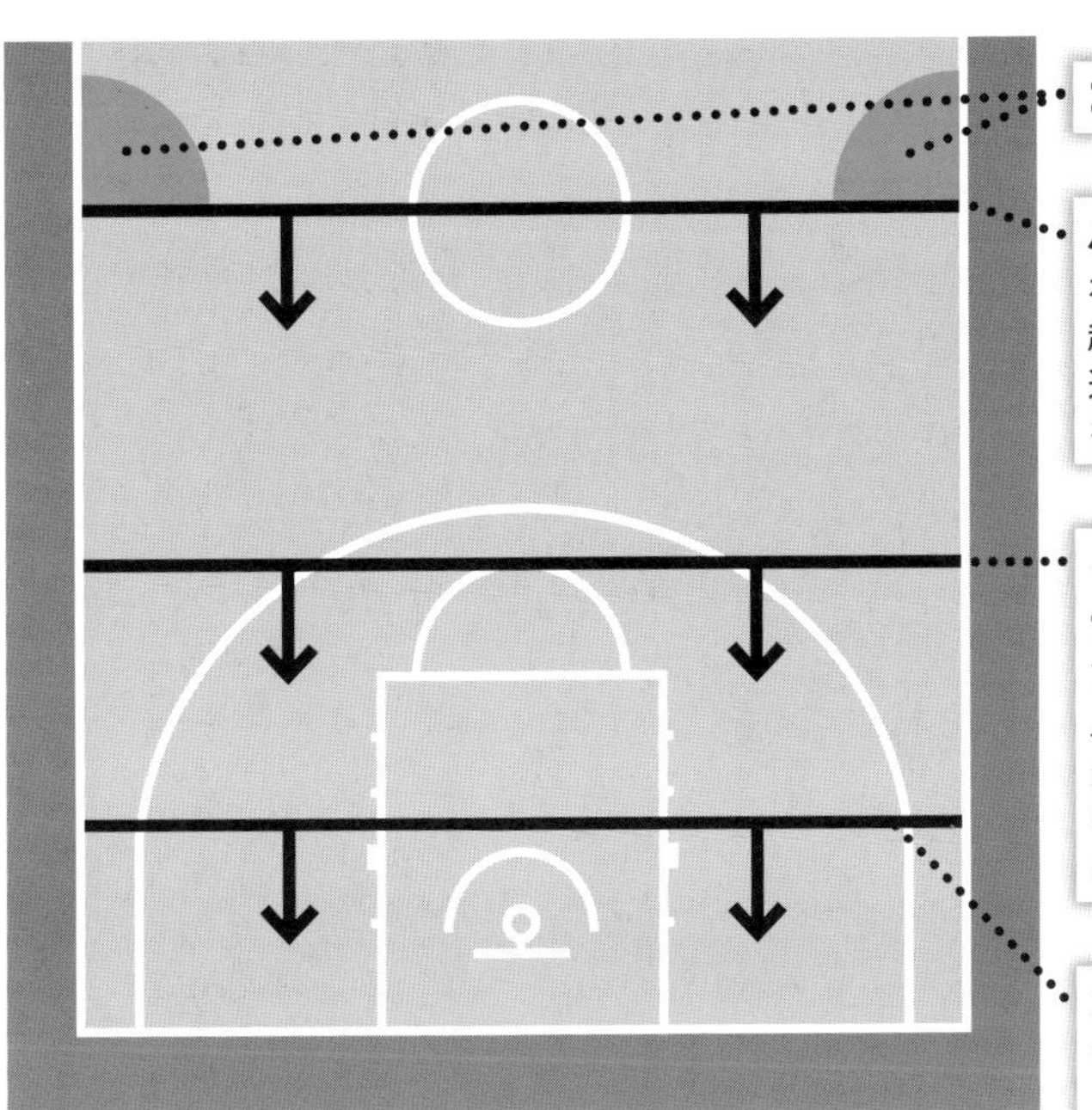

コフィンコーナー

ハーフコートディフェンス
ボールマンがセンターラインを越えたら、コフィンコーナーに追いつめるなどトラップ（罠）を仕掛けることができる。

3（スリー）クォーターディフェンス
フリースローライン付近のボールマンに対してプレッシャーをかけるところからディフェンスをスタート。相手の速攻を封じるのに奏功する。

オールコートプレスディフェンス
インバウンダーからのファーストパスをディナイするところから激しくプレッシャーをかける。ただし試合を通して継続するには脚力が欠かせない。

TEAM RULE　チームルールを決めておく

自分たちが得点を決めた直後はオールコートプレスディフェンス、相手がディフェンスリバウンドを取ったらハーフコートディフェンスを敷くなどチームルールを決めておくと共通理解のもとでプレーできます。各システムのサインを決め、そのサインに応じてディフェンスを変化させる戦い方も可能です。

が備わっていることが前提となりますが、特に大きな選手には脚力が備わりにくいケースがあります。そういうチームは局面によってタイミングを計ってこのシステムを使うことができますし、プレッシャーのかけ方を変えることもできます。

たとえば、オールコートではなく3（スリー）クォーターすなわち（図のように）フリースローライン付近や、センターライン付近からプレッシャーをかけ始める戦術です。そのようなシステムは素早いガードがいるなど速攻を得意とするチームに対して奏功します。

パスのレシーバーに対してディナイしている状態からどのようにオールコートプレスディフェンスを展開していくか、次のページから説明していきましょう。

オールコートプレスディフェンス②ディナイ

サイドラインやベースライン方向にマークマンを追い込む

1歩でも2歩でもラインの近くでボールを持たせる

インバウンダーがボールを持っている状況で、ディフェンスはディナイしてパスを出させないようにします。そこからパスが入るシーンを、インバウンダーの背後から撮影した写真で見ていきましょう。

【写真1】 オールコートプレスディフェンスの場合、ファースト（最初の）パスに対してディナイします。間合いはワンアームアウェー

TEAM RULE 相手のスピードを計算に入れる

「ワンアームアウェー（腕一本分の間合い）」が基本ですが、ボールマンのスピードが際立っている場合や、ディフェンスのスピードが劣っている場合には、間合いを少し空けるのも手です。シュートレンジでないだけに問題ありませんが、だからといって空け過ぎるとボールマンは楽にプレーできてしまいます。相手に抜かれるというリスクを回避しながら、時間をかけさせられるようにプレッシャーをかけましょう。

（腕一本分の間合い）であり、自陣でのディナイと基本的に同じです（52ページ）。

【写真2】 インバウンズパスを受けるレシーバーは、ディフェンスのディナイを外そうと、サイドラインに寄ってパスを受けようとしています。これがオールコートプレスディフェンスの狙いです。「1歩でも2歩でもサイドラインやベースラインの近くでボールを持たせること」が原則です。

【写真3】 そうすることで相手のボール運びに時間をかけさせることができます。

【写真4】 無理にボールを取りにいこうとするとファウルになったり、かわされるので「ワンアームアウェー」を基本にしてボールマンにプレッシャーをかけます（31ページ）。

オールコートプレスディフェンス③ディレクション

縦ドリブルから横ドリブルに移行させる

サイドラインに対して直角に体を入れる

サイドラインやベースラインの近くで、相手にボールを持たせてからのオールコートのディフェンスです。

【写真1】まずはコートの中央からドリブルで割られないように、「ノーミドル（32ページ）」のディレクションをします。ミドルをドリブルで進まれると、パスの選択肢がたくさん生まれてしまうからです。

TEAM RULE 各種ドリブルに対応できるように

ドリブルの方向を変えるタイミングを完全につかめた時には、スティールを狙えるかもしれません(48ページ)。体の前でボールを動かすフロントチェンジ、体を回転させるバックロール、両足の間を通すレッグスルー、そして背後でボールを動かすバックビハインド。そうした各種ドリブルに対応できるように練習しておきましょう。

[写真2] ボールマンはディフェンスだけでなく、サイドラインも気にしながらボールを運ぶことになります。それによってミスを誘発できる可能性が高まります。

[写真3] ノーミドルでディレクションしていると、ボールマンは縦に一気に抜こうとするかもしれません。相手との駆け引きのなかで、そうした狙いを読みます。

[写真4] スピードで縦に抜かれる危険性を察知したら、サイドラインに対して直角に体を入れて、ドリブルの方向を変えさせます。縦へのドリブルではなく、横にドリブルさせるわけです。ミドルにドリブルで進まれる格好にはなりますが、それ以上にボールマンに時間をかけさせることが優先されます。ここからの対応については次のページで説明します。

オールコートプレスディフェンス④ランアンドジャンプ

パスコースを消しながらマークマンをチェンジ

「ジャンプ!」という大声を合図にスイッチする

前のページから引き続き、縦へのドリブルから横へのドリブルに移行したボールマンへの対応です。ミドル（コート中央）では1対1でディフェンスプレッシャーをかけることが難しくなり、フロントコートにスムーズに入られてしまうことが想定されるので、2人目のディフェンスが加わります。

【写真1】 ボールマンがターンした瞬間、近くにいるディフェンス

TEAM RULE パスの移動時間を長くさせる

このチームディフェンスを成功させるポイントは、「ジャンプ」という声でコミュニケーションを図り、速やかにスイッチすること。もう一つはハンズアップしながらジャンプして間合いをつめることです。それによってボールマンは山なりの高いパスを出すことがあります。つまりボールの移動時間がかかる分、スチッチを確実に行うことができ、時にはインターセプトも狙えるわけです。

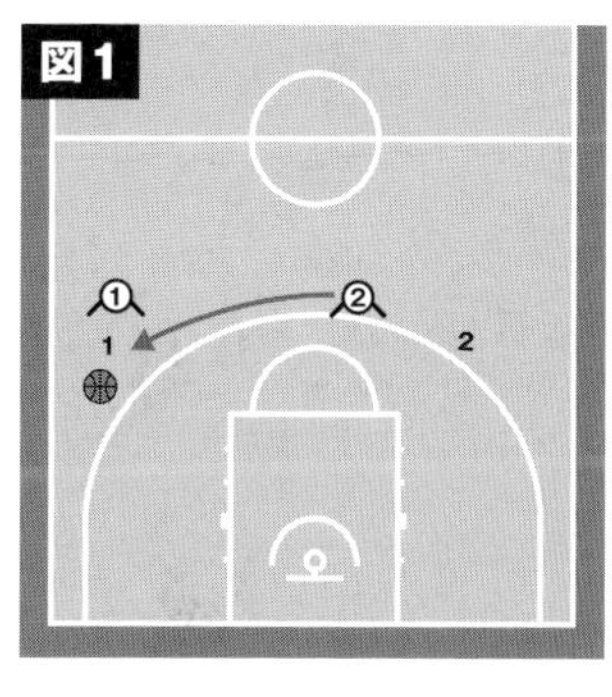

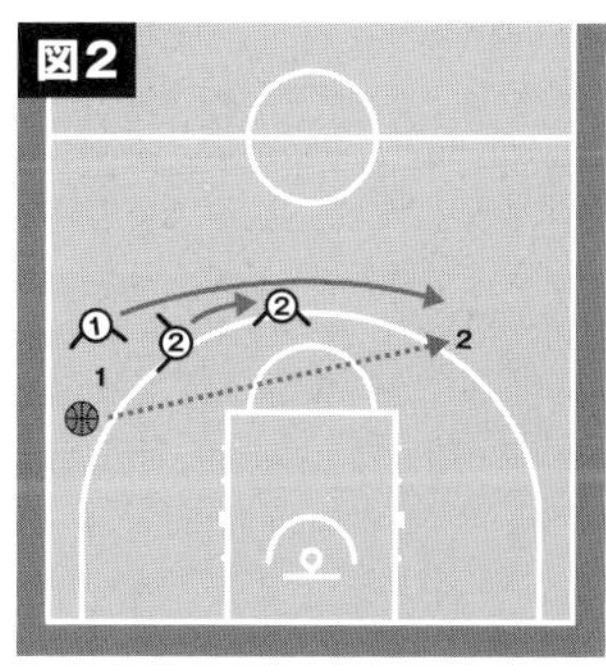

が動き出します。

【写真2】 そうしてボールマンに寄りながら「ジャンプ！」と大声を出して、両手をあげながら一気に間合いをつめます。その声を聞いたボールマンのディフェンスは、マークマンをスイッチします。つまり自分のマークマンから離れ、パスのレシーバーのところに移動するということです。

【写真3】 パスが山なりになるなど乱れた場合、ディフェンスは積極的にインターセプトを狙います。

【写真4】 ボールマンに対してスイッチして対処し、再びノーミドルでディレクションします。そしてもう1人のディフェンスは、ボールラインでピストルポジションをとり、ボールマンと自分のマークマンを同時にケアします。

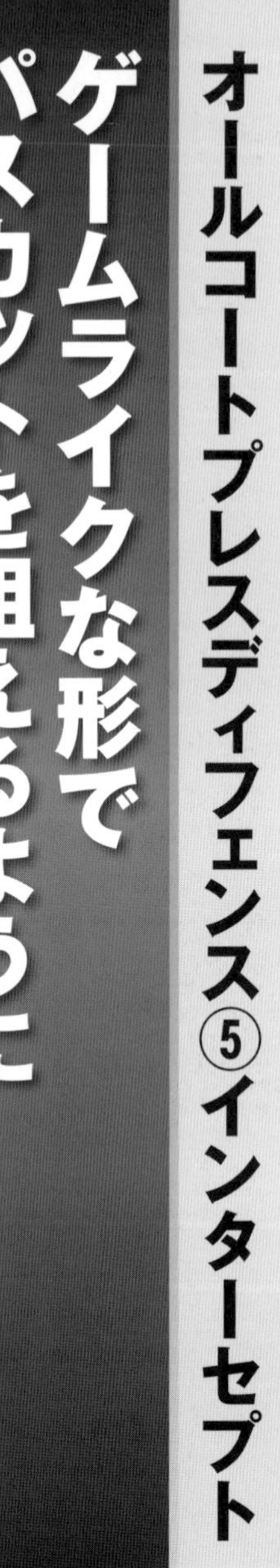

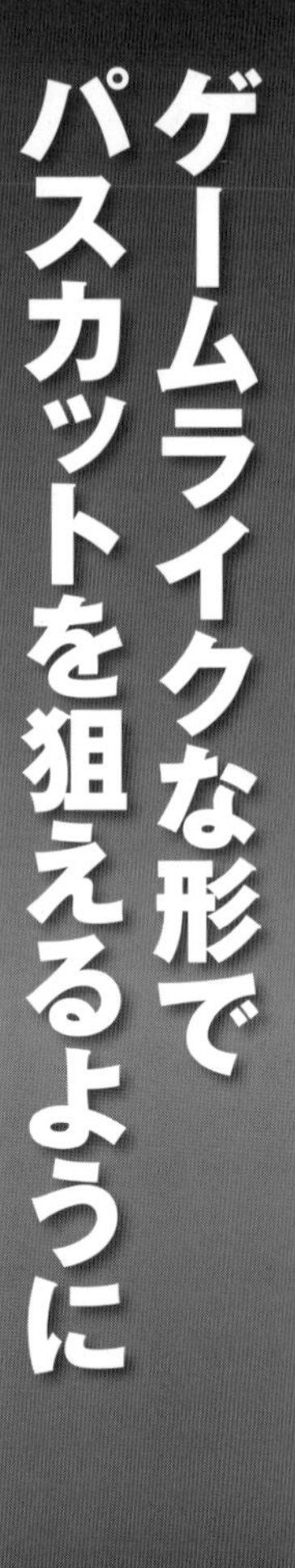

移動距離の長い2対2の基本練習を大事にする

2対2、2対3、3対3とディフェンスの数を増やしていくことによって試合に近づけることができます。つまり2対2の状況からのパスに対してインターセプトを狙えるシーンを想定するわけです。試合状況によっては、「ブリッツ（2人がかり）」のディフェンスでプレスを仕掛けましょう。

【写真1】 ボールマンがターンした瞬間、近くのディフェンスが間

TEAM RULE 「フローター」が広い視野を持つ

このインターセプトしたディフェンスのように、カバーできるポジションに浮いている選手を「フローター」といいます。オールコートのディフェンスでは、このフローターのビジョンと、テリトリー（プレーエリア）の広さが鍵を握ります。それらを活かしながら的確な判断で動くことによって、チームディフェンスを機能させるのです。

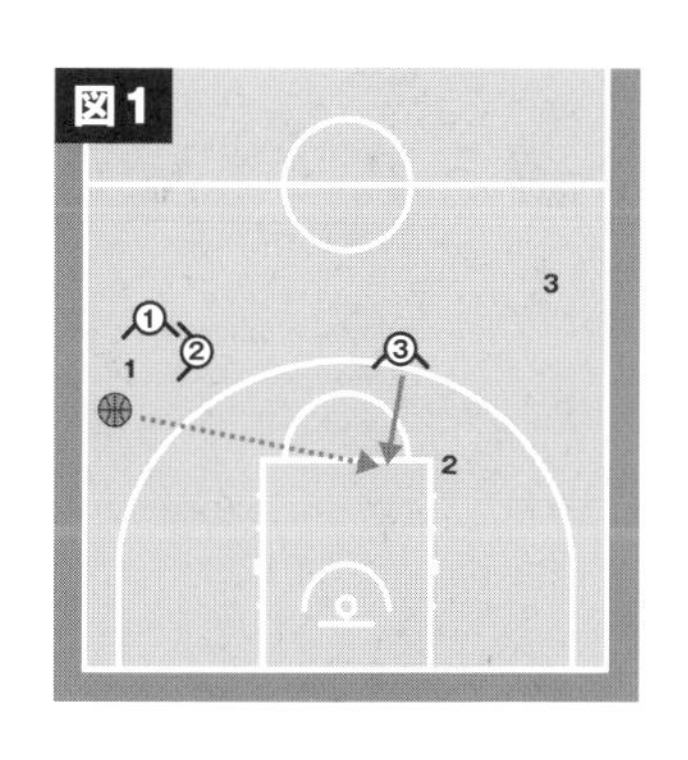

合いを一気につめます。

[写真2] ブリッツでボールマンの視野を狭めながらプレッシャーをかけます。

[写真3] ボールマンの死角から3人目のディフェンスがパスコースに入ります。

[写真4] ブリッツに対応しきれず、苦し紛れに出すパスをインターセプトします。

[写真5] プレスを成功させることで、直接的に得点へとつなげることができます。

おさえておきたいのは、131ページまでに紹介した人数が少ない2対2の基本練習です。なぜならディフェンスの移動距離が長く練習内容が難しい分、効果があるからです。それだけに2対2の練習を大事にしてください。

オールコートプレスディフェンス⑥トラップ

センターラインを超えた瞬間に「罠」を仕掛ける

相手が四方どこにも進めなくなるエリア

オールコートでプレッシャーをかけても、同等のレベルのチームであればセンターラインを超えてきます。試合状況によってはその瞬間こそ、トラップ（罠）を仕掛ける狙い目です。コフィンコーナーすなわち、センターラインとサイドラインが交差するエリアでボールマンにプレッシャーをかけることで、相手は四方どこにも進めなくなるからです。そのトラップ

TEAM RULE フェイクを上手に使う

がむしゃらにブリッツをすれば良いというものではありません。それを相手に読まれては、ノーマークの選手にパスが渡り、ディフェンスのマークがずれる原因となってしまいます。そこでうまく使ってほしいのがフェイクです。ブリッツするふりをしてしない。またはブリッツしないふりをして、いきなり仕掛けてみる。そうやって攻撃を滞らせるのです。ディフェンスにおいても「フェイク」は有効な手段なのです。

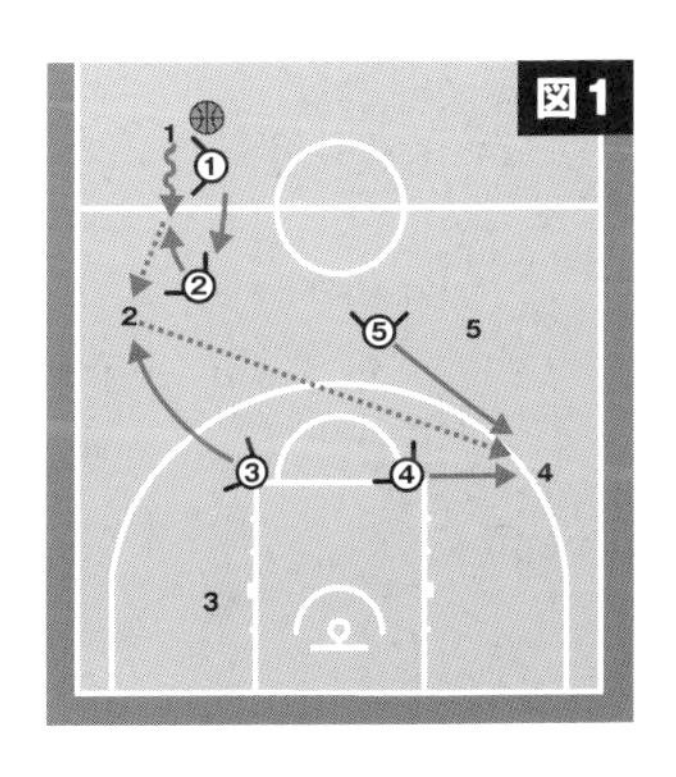

の流れを見ていきましょう。

[写真1] ノーミドルでサイドラインを味方にしてディフェンスし、センターラインの端のほうに追い込みます。

[写真2] ボールマンがセンターライン付近にいる時、ブリッツで対処し相手のミスを誘発します。

[写真3] パスが渡ったら他の選手がカバーリングに入り、逆サイドにボールが展開されても、しっかりとプレッシャーをかけられるポジションをとっておきます。

[写真4] ブリッツを連続して展開できるようにしておくことで相手に時間を使わせ、攻撃のリズムを狂わすことができます。ただしブリッツを仕掛けるということは、他のエリアでノーマークを生むリスクがあることを忘れないようにしましょう。

Column

オールコートプレスにおけるビッグマンの存在

相手の大きな選手にダメージを与える

オールコートでディフェンスを展開するうえで、ビッグマン（大きい選手）の存在が重要な鍵を握ります。自分たちのチームにいる場合、オールコートプレスディフェンスを継続するべきか一考の余地があるだけでなく、相手チームにいる場合においても気になる存在です。

バックコートで時間をかけさせようとしている際に、ビッグマンにセンターライン付近にフラッシュしてポストとして立たれると、高いパスで簡単にボールをつながれてしまいます。つまりプレスディフェンスが機能しなくなる場合があるのです。

では、相手にビッグマンがいる場合、ハーフコートディフェンスに切り換えるべきかといえば、そうとも考えていません。なぜなら、オールコートプレスディフェンスを継続することが相手のビッグマンにダメージを与えることにつながるからに他なりません。

ディフェンスからオフェンスへと切り換わったビッグマンは速やかにフロントコート（敵陣）へと入り、ゴールへの最短距離を走るものです。それだけでもかなりの体力・気力が求められます。

しかしオールコートでディフェンスされると、せっかくゴール近辺にたどり着いたのに、センターライン付近まで戻らなくてはならない…。ディフェンスとしてはそうやって体力的に負担をかけさせることで、試合終盤のプレーに悪い影響を及ぼすことができるわけです。

第8章

ディフェンスリバウンド

相手をゴールに近づかせず、確実にリバウンドを取る

Defense Rebound

ボックスアウト①基本

オフェンスをゴールに近づかせない

ピストルポジションでマークマンをケア

1

シュートを打たれたら正面からコンタクト

2

接触したままゴール方向に体を向ける

3

ボールを見るのではなく正面からコンタクトする

粘り強くディフェンスを行うことによって、相手オフェンスのシュート率は下がるはずです。そして大事になってくるのが、確実にディフェンスリバウンドを取るということです。が、ここに落とし穴があります。『ボールを取ろう』と意識し過ぎると、マークマンにオフェンスリバウンドに飛び込まれてしまうのです。そこで習慣にしてほしいのが、オフェンスをゴ

TEAM RULE ブロックから そのままハンズアップ

1対1の状況で自分のマークマンにシュートを打たれた場合も、この写真と同じようにボックスアウトします。ただしそういうケースでは、相手のシュートをブロックしようと手はすでに上がっていることが多いため、ハンズアップしたまま相手とコンタクトしてボックスアウトの姿勢をとることができます。連続写真の動きがスムーズにできるようにシュートなしで練習してみてください。ウォーミングアップとして取り入れて習慣づけても良いと思います。

図1

ールに近づかせない「ボックスアウトアンドジャンプ」です。

【写真1】 ボールマンが逆サイドにいる状況で、ディフェンスはピストルポジションでマークマンをケアしているシーンです。

【写真2】 シュートが放たれた瞬間、ディフェンスはボールを見るのではなく、オフェンスに対して正面からコンタクトしてゴールに近づかせないようにします。

【写真3】 相手と接触した状態のまま、ゴール方向に体を向けます。

【写真4】 いつでもボールを取れるように、ハンズアップしながらボックスアウトの体勢を維持します。

ただしリバウンドボールが自分のほうに落ちてくることを確認してから、ボックスアウトを解除するようにしましょう。

ボックスアウト②クローズアウト

スキップパスが渡った状況での対応

クローズアウトの勢いでボールマンを通過しない

相手にオフェンスリバウンドを飛び込まれるケースとして多いのはピストルポジションをとっている時に、コートを横断するスキップパスが渡るような状況です。ボールマンにシュートを打たせまいとクローズアウトするのに精一杯で、シュート後にボックスアウトせず相手を通過してしまう光景をよく目にします。そうしてオフェンスにリバウンドに飛び込まれる

TEAM RULE 動き出すタイミングを計る

ゴールに近いエリアだけでなく、この写真のようにゴールから遠いエリアでボックスアウトする選手の動きは攻防の成否を左右します。ボックスアウトを最優先にしつつ、ディフェンスリバウンドをチームメイトが取れたと判断した瞬間、素早い動き出しによって速攻を展開できます。その動き出しが早過ぎれば相手にオフェンスリバウンドを取られるリスクが生じますし、逆に遅いと速攻へとつなげられないことを覚えておきましょう。

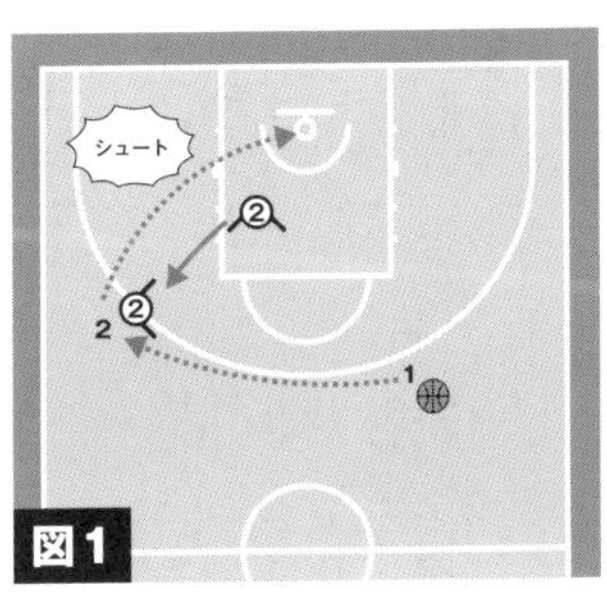

図1

と、ディフェンス面の頑張りが無駄になってしまいます。そこでクローズアウトからのボックスアウトも確認しておきます。

【写真1】 スキップパスが渡り、(138ページの)ピストルポジションからクローズアウトするシーンです。

【写真2】 相手にシュートを打たせないようにハンズアップしながら一気に間合いをつめます。この勢いのままボールマンを通過してしまわないように気をつけてください。

【写真3】 放たれたボールを見るのではなく、シュートを打った相手をゴールに近づかせないことを強く意識します。

【写真4】 ハンズアップしながら相手とコンタクトして、ボックスアウトの姿勢をとります。

ボックスアウトドリル①スクエアムーブ

隣のマークマンまで動いてつかまえる

試合ではマークマンが動き回るだけに難しい

チームディフェンスの意識を高めながら、ボックスアウトの技術を磨くドリルを紹介します。

【写真1】 制限区域で4対4の状況を作り、あと2人のオフェンスがツーガードポジションでパス交換します。

【写真2】 パス交換している間、パワーサイドはディナイの姿勢をとり、逆サイドはピストルポジションをとります。

図1

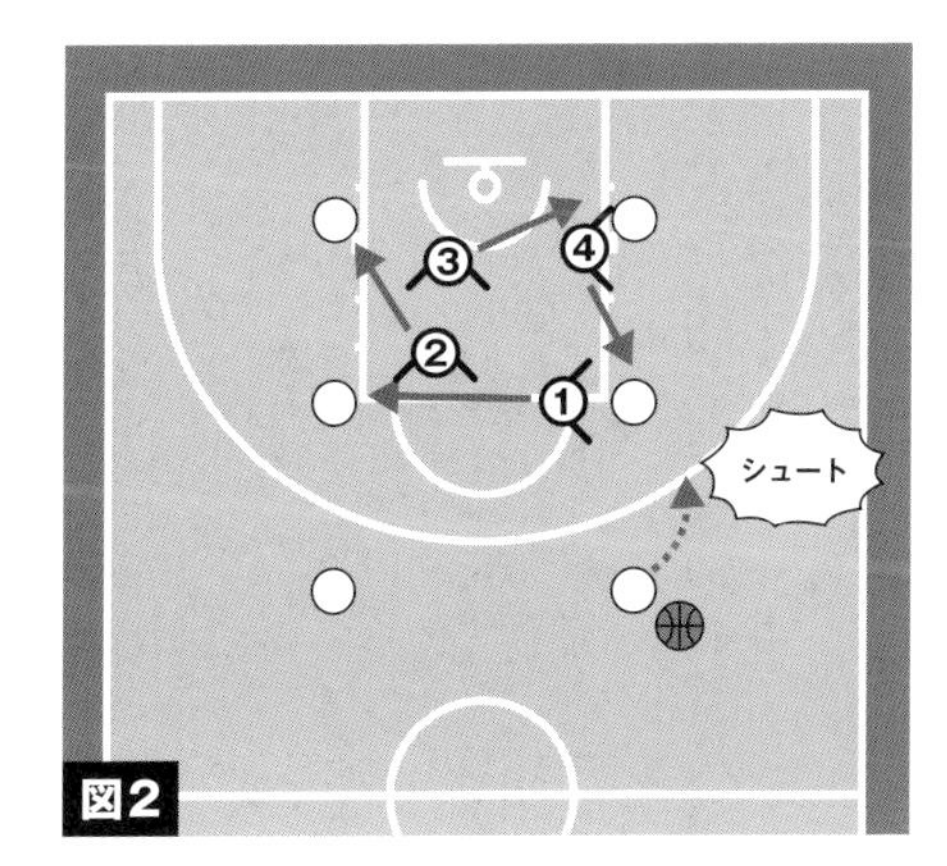

図2

3
4
5

【写真3】 6回を目途にパス交換した後、シュート。それと同時にディフェンスは、隣のオフェンスのほうに走り出します。

【写真4】 そうして4人ともボックスアウトします。

【写真5】 リバウンドボールの近くのディフェンスのみ、ボールに近づいてジャンプしてキャッチします。この流れのまま4人が4ケ所すべてからスタートして行い、逆回りにも動いて同様に行います。

このドリルの目的は、試合を意識することです。自分の近くにいるマークマンに対してボックスアウトをするのはそれほど難しくありません。ところが試合ではマークマンが動き回るだけにつかまえるのが難しい…。そこであえて動いて、ボックスアウトする習慣をつけるわけです。

ボックスアウトドリル②Xムーブ

お互いに配慮しながら対角に動く

試合では相手選手だけでなくチームメイトも邪魔になる

　ボックスアウトドリル（142ページ）の別のパターンです。

【写真1】 ツーガードポジションでパス交換している間、パワーサイドはディナイの姿勢をとり、逆サイドはピストルポジションをとります。

【写真2】 6回を目途にパス交換した後、シュート。と同時にディフェンスは「X」を描くように、対角に動き出します（図2）。

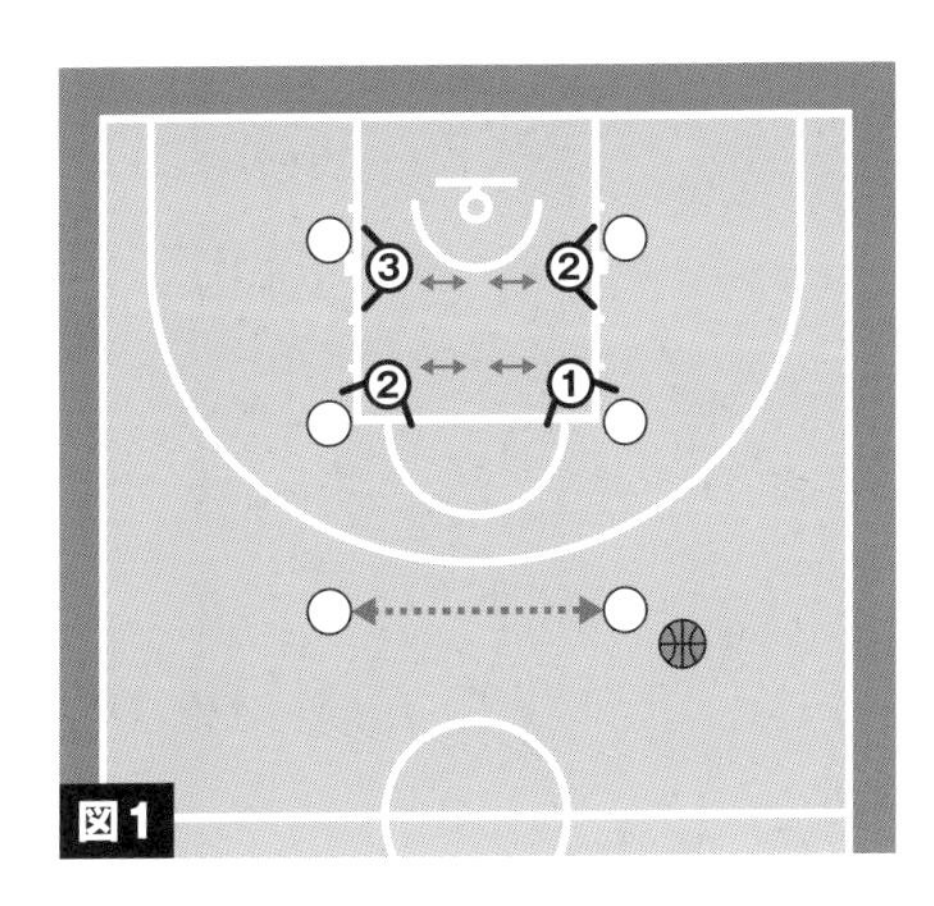

図1

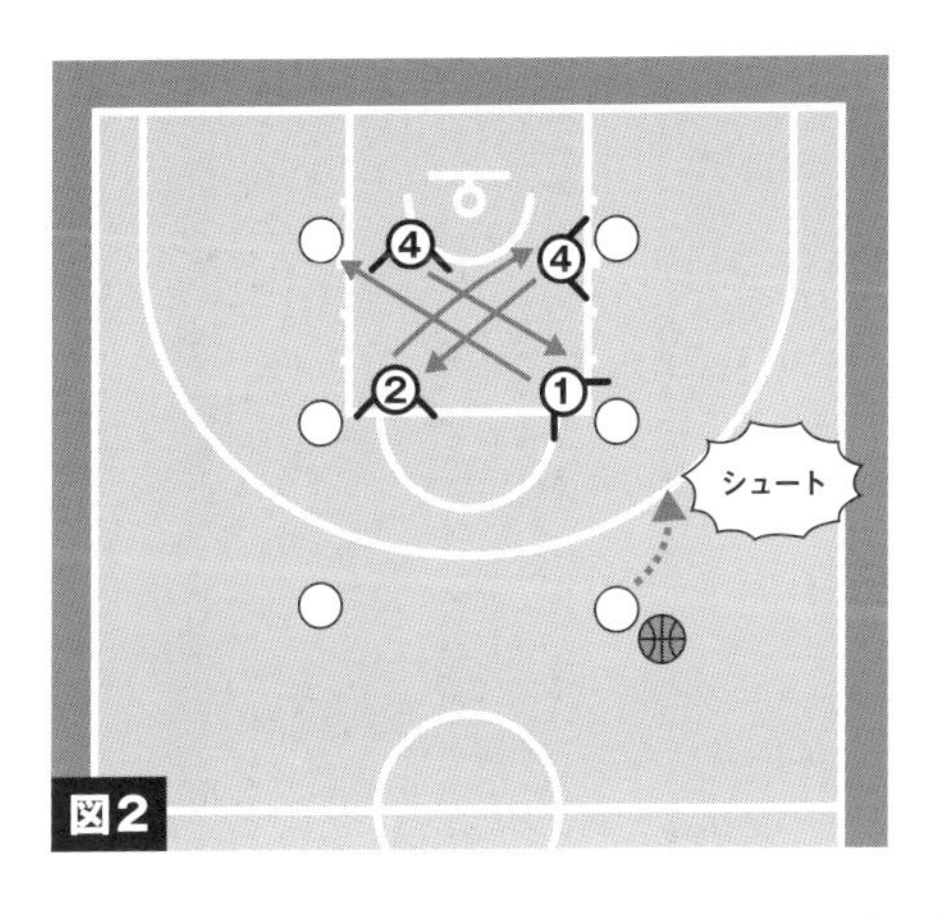

図2

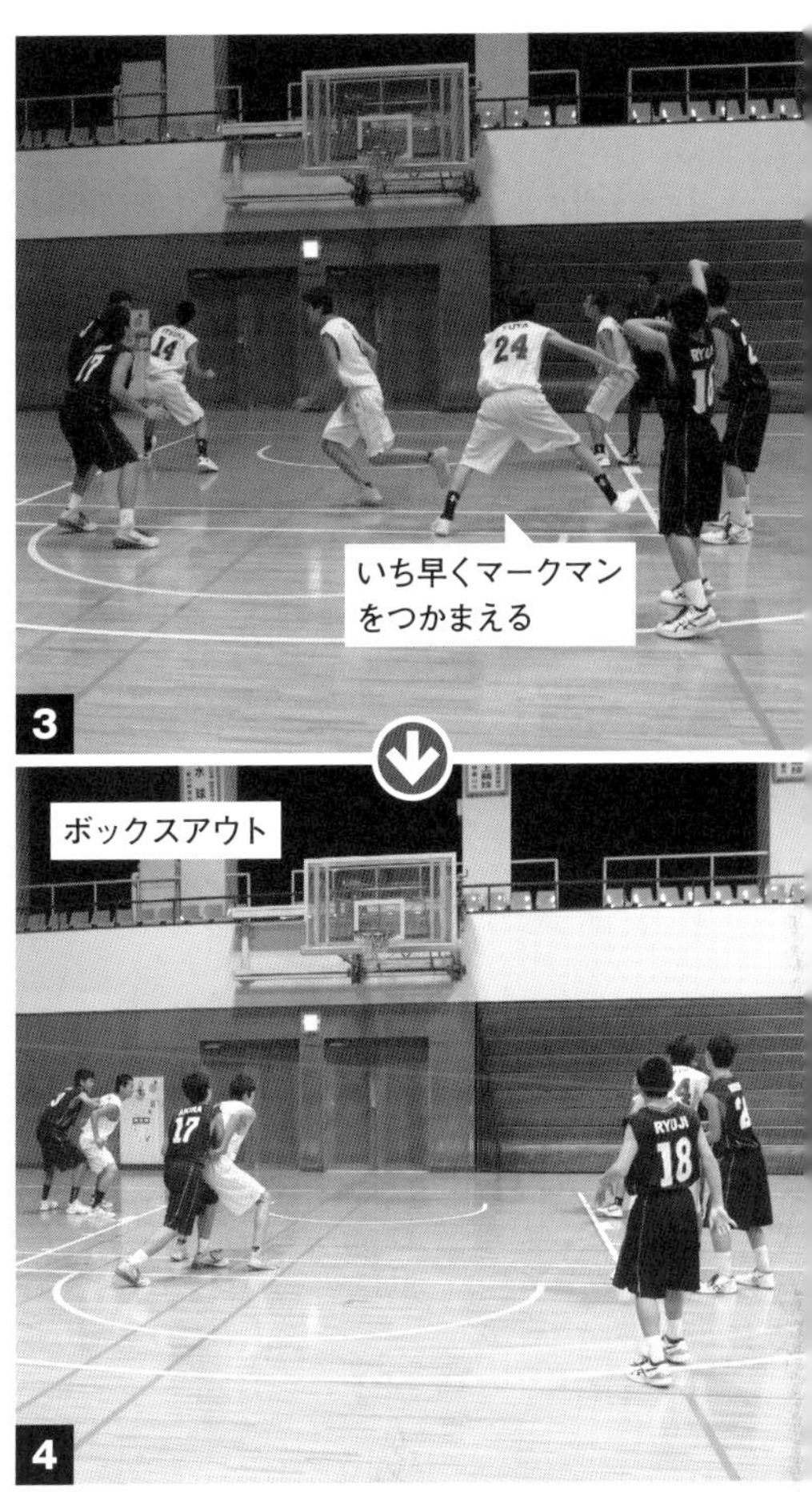

3
4

【写真3】　いち早くマークするべきオフェンスをつかまえられるように、チームメイトどうしで「配慮」して動きます。
【写真4】　4人ともボックスアウトして、リバウンドボールの近くのディフェンスがキャッチします。

どうしてわざわざ「X」に動かなくてはならないか、疑問を持たれるはずです。これもやはり試合を想定するためです。試合では相手選手だけでなくチームメイトも邪魔で、マークマンをつかまえきれないケースがあります。

そういうトラブルを回避できるようにチームメイトの行きたい方向に押してあげたり、自分のいるコースから移動させてあげるなど、そうした「配慮」言い換えると「気配り・目配り」が必要なのです。

リバウンド①両足ジャンプ

ボックスアウトの姿勢からジャンプする

相手より先にボールに触ることがポイント

リバウンドボールが自分の近くに落ちてきて実際にキャッチするシーンを見てみましょう。ディフェンスリバウンドの場合、ボックスアウトからジャンプする格好になるので、両足で踏み切るジャンプが基本となります。

【写真1】 ボックスアウトでハンズアップの姿勢からジャンプへと移行します。

【写真2】 落下してきたボールに

TEAM RULE 相手がいないときは両手で

相手と競っているシーンでは片手でボールにいち早く触るのが先決ですが、相手がいないときは両手で確実にキャッチしましょう。試合中はいきなり相手がコンタクトしてきたり、汗でボールが滑ることがあるからです。

相手がいない時は両手で確実にキャッチする

近いほうの手をあげていきます。

[写真3] できるだけ高いところでボールを触ります。

[写真4] 腕でボールを巻き込むようにしながら、速やかに体の正面に引きつけます。

[写真5] 着地と同時に、両方のひじを張って、ボールをあごの下でしっかりとキープします。

リバウンドで大事なことは相手より先にボールに触ることです。たとえそこでボールをつかむことができなくても、自分たちにとって有利な方向に弾くことによってチームメイトが取れる可能性が高まるからです。

また着地後、一度弾いたボールにもう一度ジャンプするような粘り強さも備えましょう。

リバウンド②片足ジャンプ

走り込む時に使われるジャンプ

ジャンプを習慣にしてリバウンド力を向上

バスケットボールの競技性からジャンプ力はリバウンドに限らず、重要な意味を持つ能力の一つです。バレーボールの選手が他のアスリートより高くジャンプできることからわかるとおり、「ハビット（習慣の）ドリル」としてジャンプを取り入れることが、リバウンド力向上にもつながります。

その際に146ページの両足ジャンプだけでなく、ここで紹介す

TEAM RULE バックボードを使ったリバウンドジャンプ

ボールを使わずジャンプしてバックボードにタッチする練習も効果的です。その際のバリエーションを整理するとこうなります。

・両足ジャンプー片手タッチ
・両足ジャンプー両手タッチ
・片足ジャンプー片手タッチ
・片足ジャンプー両手タッチ

そして片足ジャンプは、左右両足を踏み切り足にすることを忘れないようにしてください。

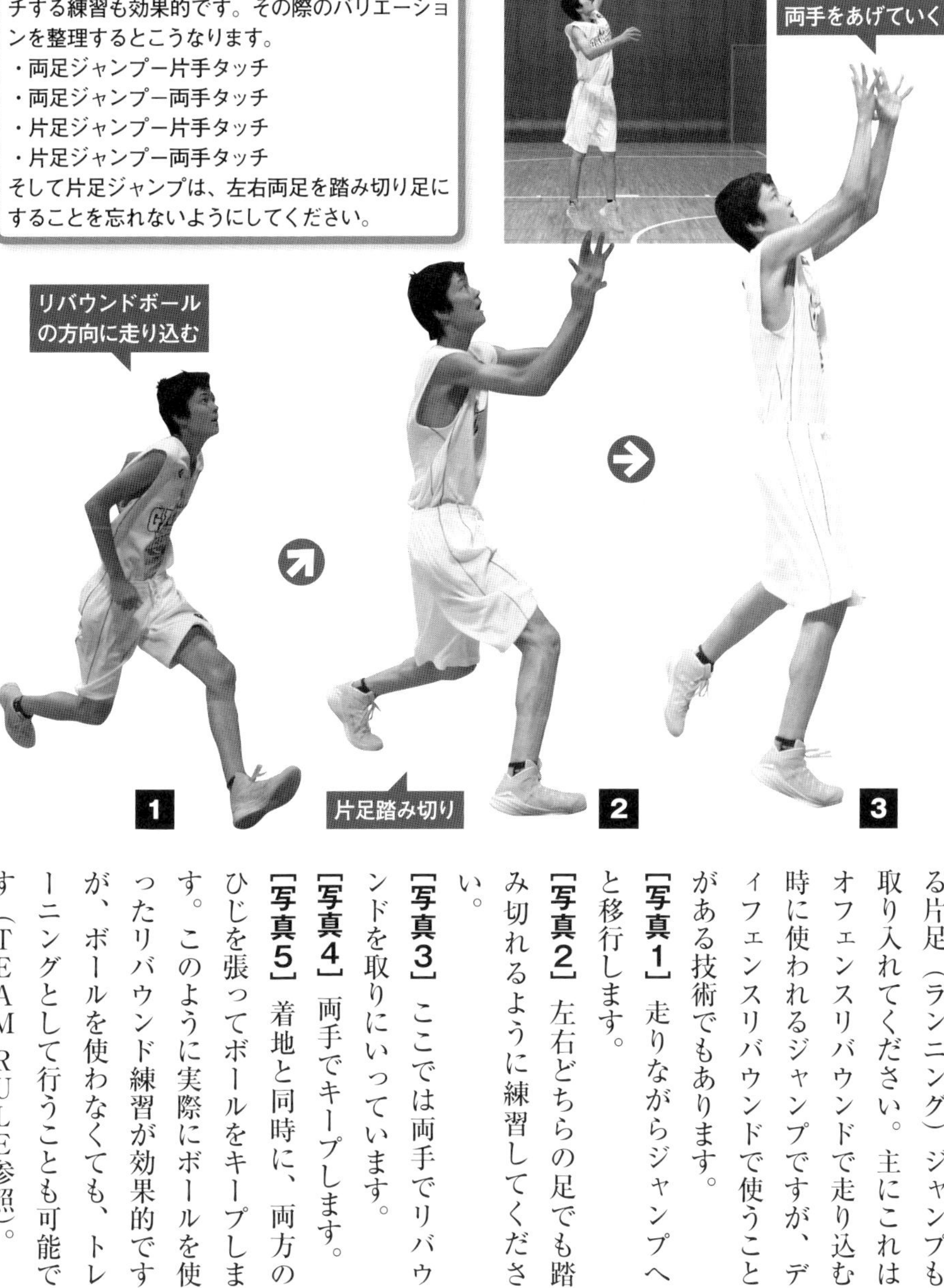

る片足（ランニング）ジャンプも取り入れてください。主にこれはオフェンスリバウンドで走り込む時に使われるジャンプですが、ディフェンスリバウンドで使うことがある技術でもあります。

【写真1】 走りながらジャンプへと移行します。

【写真2】 左右どちらの足でも踏み切れるように練習してください。

【写真3】 ここでは両手でリバウンドを取りにいっています。

【写真4】 両手でキープします。

【写真5】 着地と同時に、両方のひじを張ってボールをキープします。このように実際にボールを使ったリバウンド練習が効果的ですが、ボールを使わなくても、トレーニングとして行うことも可能です（TEAM RULE参照）。

リバウンド③着地

着地した瞬間にボールを奪われない

ビジョンとバランスそして正しい姿勢を

高くジャンプしてリバウンドボールをキャッチしたからといって油断してはいけません。着地した瞬間、相手の選手がスティールを狙っているからです。そのNGシーンを見ておいてください。

【写真1】 高いところでリバウンドボールを両手でキャッチするところですが、背後から相手の小さな選手が近づいているのに気づいていません。ジャンプしている間

TEAM RULE チームメイトがコミュニケーションを図る

相手と空中で競り合いながらボールをキャッチするのは簡単ではないだけに、空中および着地時の視野は狭くなってしまうもの。そこでチームメイトがフロアーの状況をリバウンダーに教えてあげてください。「後ろにいる！」。その一言があるだけで、スティールを回避しやすくなるのです。

着地時の基本姿勢

顔
ジャンプしている時、空中からビジョンを確保するように心掛ける。相手のゴール方向を見ることができると、速攻にもつなげやすい。

ひじ
左右のひじを張ることによって、ディフェンスをボールに近づかせない。（右のNG写真のように）両方のひじが閉じているとボールに触られる。

ひざ
着地時の衝撃を吸収できるようにひざをしっかりと曲げる。また相手がボールを取りにきた際にピボットを踏むなど柔軟に対応できるように準備する。

両足の幅
体のバランスが崩れないように大きく開く。たとえ相手にコンタクトされてもバランスを維持できる強い姿勢を堅持する。

というのはビジョンを確保するのがとても難しいのです。

【写真2】 ボールが体から離れたところにあるため、相手の選手がスティールを狙ってさらに間合いをつめます。特に着地した瞬間は、体のバランスが崩れないようにしながらボールを守る必要があります。

【写真3】 低い位置におろしたボールを、相手の小さな選手につかみ取られそうです。

このようにディフェンスリバウンドを取った後、ビジョンを確保すること、体のバランスが崩れないようにすること、そして正しい姿勢をとることが欠かせないのです。その着地時の姿勢を（上の写真で）確認しましょう。

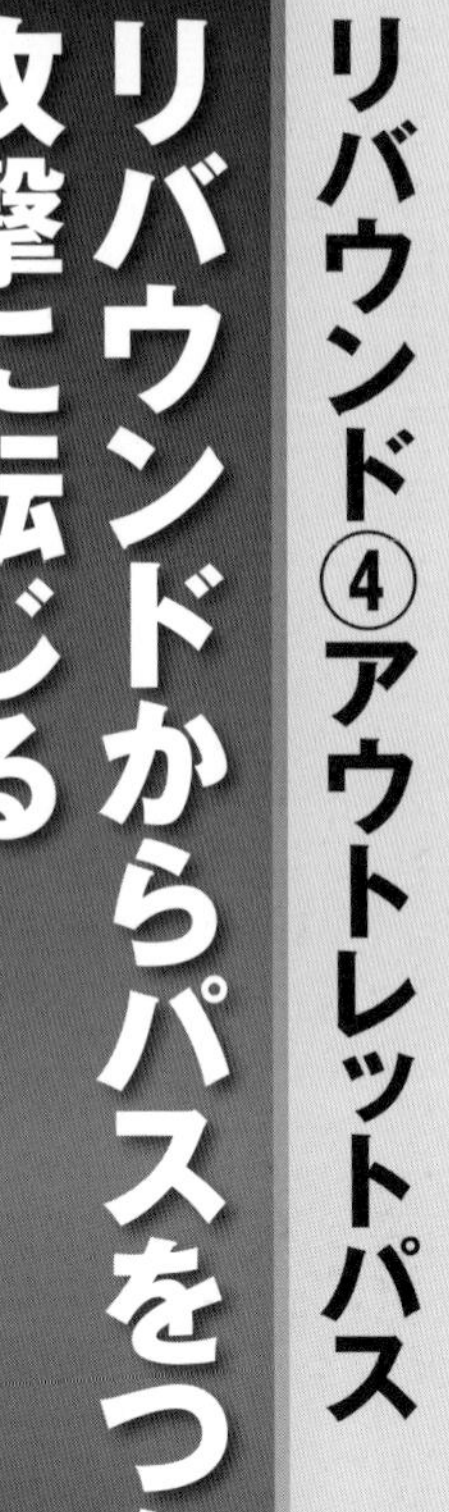

リバウンド④アウトレットパス

リバウンドからパスをつないで攻撃に転じる

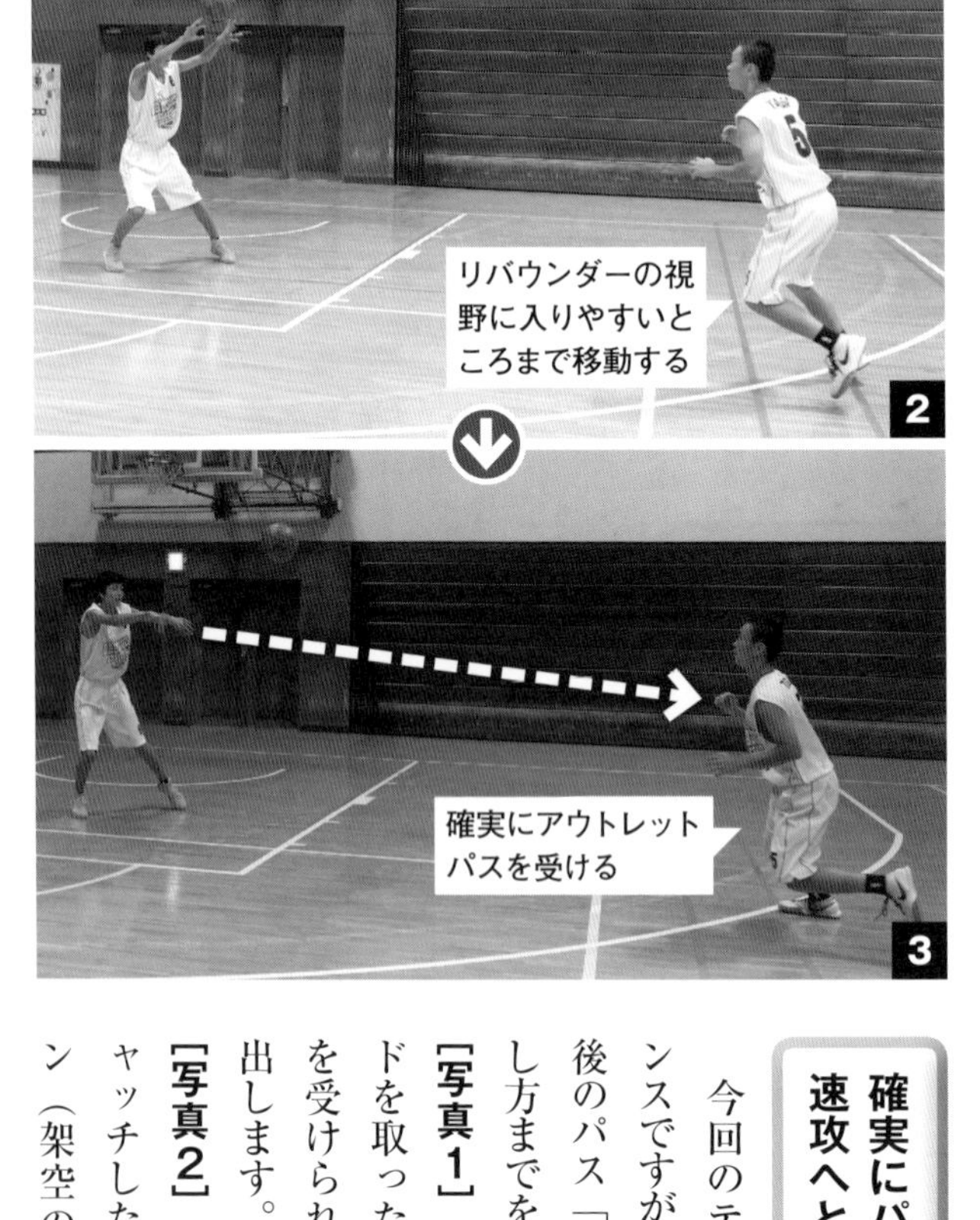

確実にパスをつなぐのか速攻へとつなげるパスか

今回のテーマはチームディフェンスですが、リバウンドを取った直後のパス「アウトレットパス」の出し方までを確認しておきましょう。

【写真1】 ディフェンスリバウンドを取った瞬間、他の選手はパスを受けられるポジションへと動き出します。

【写真2】 リバウンドボールをキャッチした選手がいるボールライン（架空のライン）、またはそこ

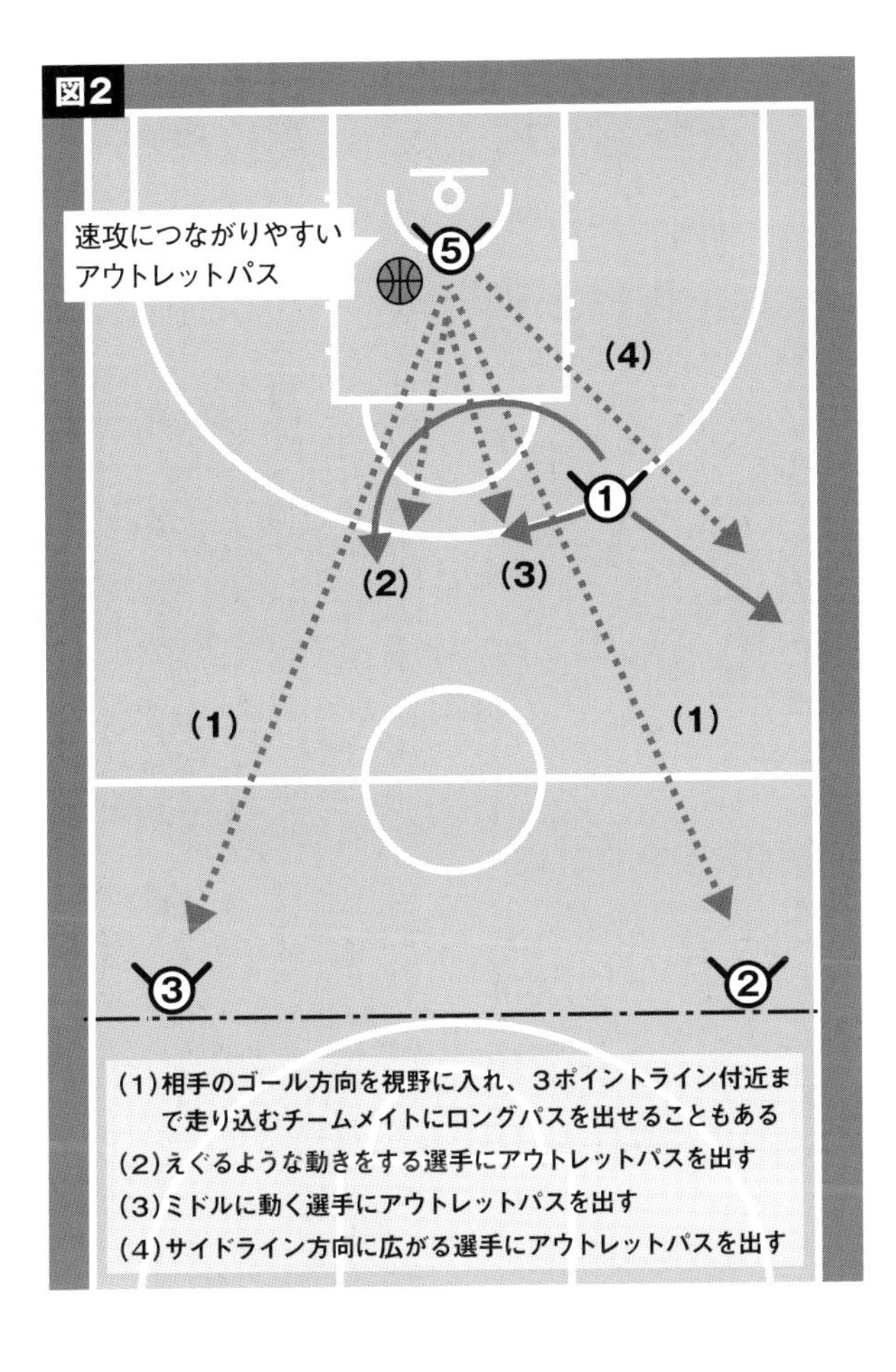

TEAM RULE リバウンド時における「V・P・C」

リバウンダーが「ビジョン」を確保する。そのための「ポジショニング」をまわりも心掛けてパスを受ける。その際の「コミュニケーション」もやはり大切です。特にアウトレットパスのレシーバーは、「はい！」「こっち！」などボールを呼び込みましょう。オフェンス面の話になりますが、これを「キャッチボイス」といいます。

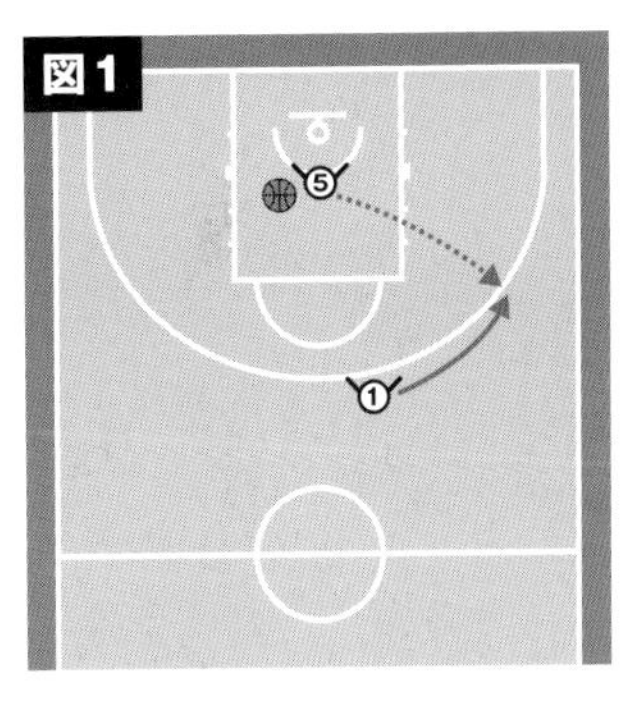

に近いところまで移動することによって、アウトレットパスが渡りやすくなります。リバウンダーが視野に入れやすいからです。

【写真3】ディフェンスにインターセプトされないように気をつけながらアウトレットパスを受けて、攻撃へと移行します。

この写真の段階を踏むことによってアウトレットパスをつなげられる可能性は高くなりますが、その半面、速攻にはつながりにくいパスの受け方でもあります。フロントコート（敵陣）の方向ではなく、バックコート（自陣）のベースライン方向に戻る格好だからです。そこでどのようなパスの受け方が可能か、上の図で確認しておきます。

ビジョンを確保し、速攻へとつなげましょう。

リバウンド⑤ドリル

リバウンドの技術と意識を高める

リバウンド時に何度も飛べるようにする

この第8章で紹介したリバウンドの一連の流れを確認できるドリルを紹介しましょう。普段のチーム練習および試合前のウォーミングアップに取り入れて、リバウンドに対する意識を高めてください。

［写真1］ フリースローライン付近で左右2列に並びます。そしてゴール下で2人が一つずつボールを持ってジャンプします。

［写真2］ 最高到達点でバックボ

TEAM RULE ディフェンスリバウンドの重要性

ここまでの確認ですが、ディフェンスの目的はボールを相手から奪うことではありません。相手にシュートを打たせない。たとえ打たれるにしても、相手のタイミングでないシュートでなければなりません。つまりそのシュートミスのボールをディフェンスが取って初めて結実されるわけです。それだけに普段の練習からリバウンドに対して高い意識で取り組み、試合中も集中して確実に取り続けられるようになってください！

図1

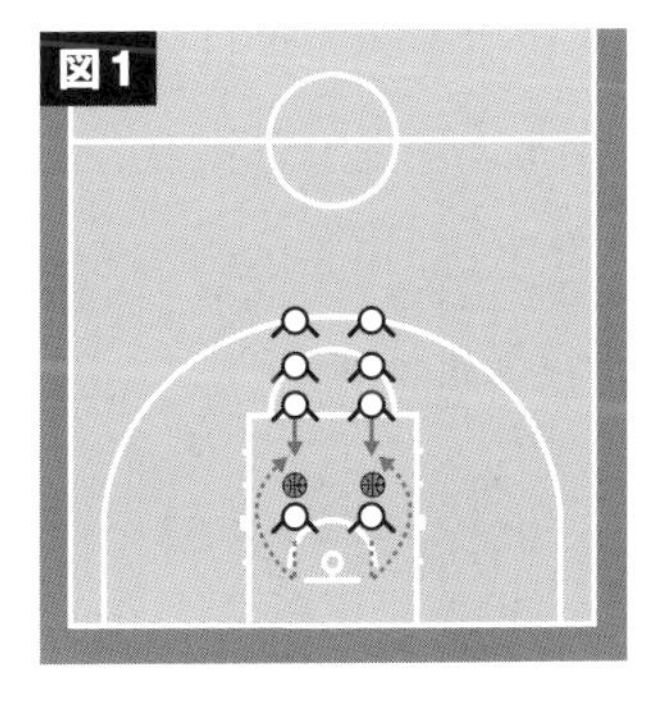

ードに強くボールをぶつけます。

【写真3】 跳ね返ってきたボールを、列の先頭に並ぶ2人がタイミングよくジャンプしてキャッチします。

【写真4】 左右それぞれサイドライン方向、すなわち外側に向いて着地し、基本姿勢をとります（151ページ）。アウトレットパスを出しやすくするためです。

【写真5】 すぐさまジャンプしてボールをバックボードにぶつけてリズムよく継続します。左右の列、両方に並んで行うようにしてください。ジャンプ－キャッチ－着地の流れに加え、着地からすぐさまジャンプする意識を持つことで、リバウンドに何度も飛べるようになります。取れるかどうかわからなくても飛ぶ――。この意識がリバウンドには欠かせないのです。

Column

落下地点の傾向と対策

リバウンド力につながる「遊び感覚」の練習

リバウンドボールが落下する傾向として次のようなことがよくいわれます。

・試合序盤は力が入る分、シュートがオーバーになる確率が高い。

・試合終盤は疲労から、シュートがショートに（短く）なる確率が高い。

・全体的には6：4の確率でオーバーになる。

等々です。このようなことを頭のすみに置いて練習中からボックスアウトを徹底してください。もう少し普段からリバウンド練習に取り組みたいのであれば、2人組のシュート練習でボールがフロアーに落ちないような遊び感覚の練習をしてみてはどうでしょうか。シュートが入っても入らなくてもパートナーは、フロアーに落ちる前にボールをキャッチするのです。そのためにはチームメイトのシュートの特性を知っておくことが役立ちます。

リバウンドのスペシャリストは練習中からチームメイトのシュートの軌道をよく見て特性を把握し、リバウンド奪取に役立てたということです。みなさんも試してみてはどうでしょうか。

第9章

ディフェンス強化スペシャルドリル集

鉄壁ディフェンスを武器にするために

Special Drills

体の「軸」を安定させる

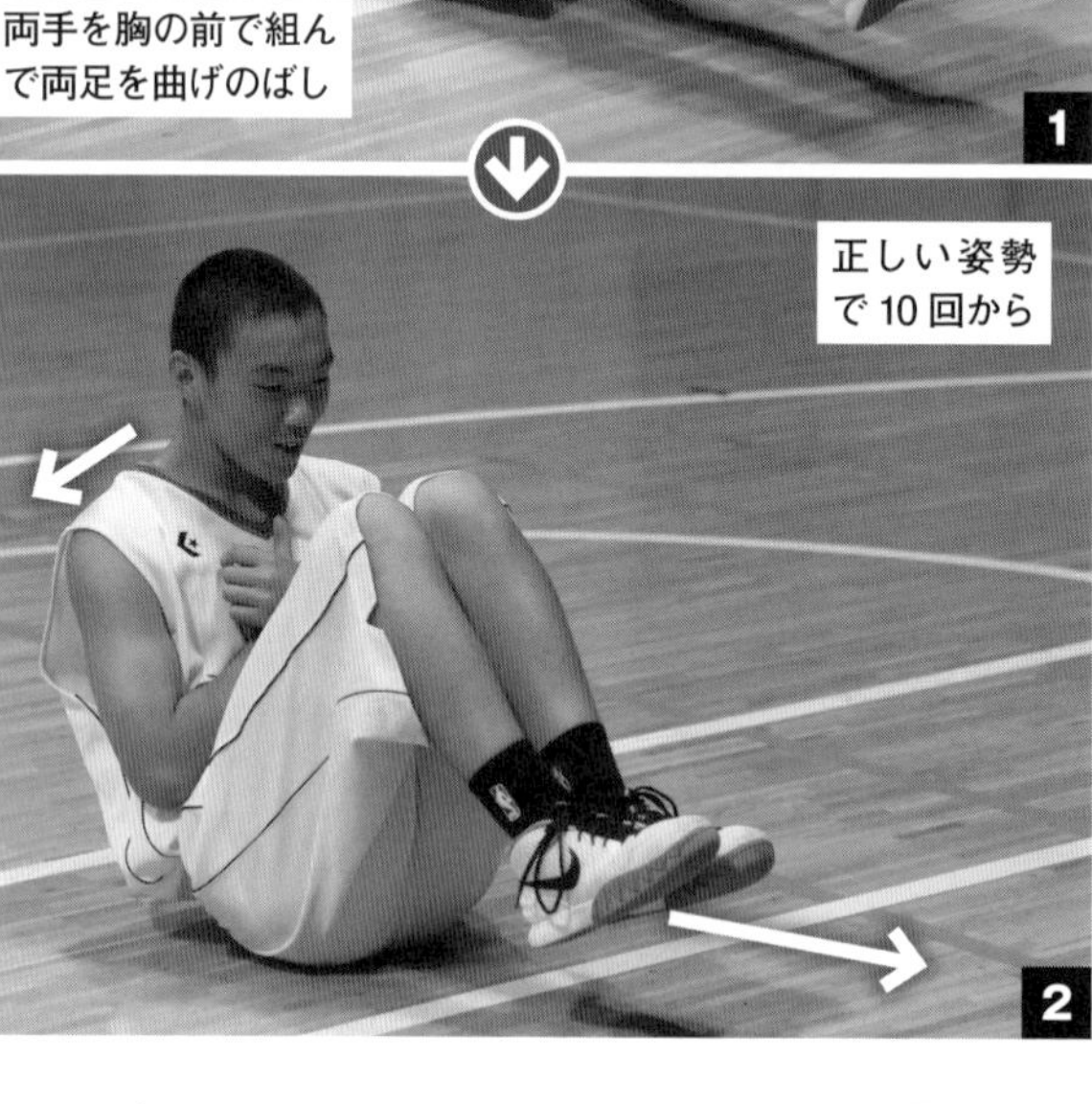

正しい姿勢で毎日継続して行うこと

個々のレベルをアップさせていくうえで欠かせないのが「体幹トレーニング」です。体幹とは人間の体の中心部のことで、いわば「軸」を安定させることが大切なのです。

【写真1、2】 これは腹筋を中心に体幹を鍛えるトレーニングです。両手を胸の前でクロスさせ、両足を曲げのばしします。この時に両手をフロアーにつくとトレー

TEAM RULE シュートも入るようになる

この体幹トレーニングはディフェンス強化だけでなく、オフェンス面の向上にもつながります。体の軸が安定することによって、体がぶれなくなり、シュートの成功率が高まるはずです。チーム練習以外の時間でも、空いている時間を有効に使って、積極的に取り入れてみてください。

ニング効果が上がらないので、この写真のような体勢を心掛けてください。最初は10回程度からスタートし、回数を増やしてもOKですが、大事なのは正しい姿勢で毎日継続して行うことです。

【写真3、4】 次に「斜腹筋」を中心に鍛える体幹トレーニングです。自転車をこぐような格好から「バイク」と呼んでいます。大事なのは、右ひじと左ひざを、左ひじと右ひざをしっかりとつけることです。まずは左右10回ずつ、正しい姿勢で行ってみましょう。

これらのような自分の体重、いわゆる「自重」を使ったトレーニングは器具を使ったウェートトレーニングに比べて、特に成長期にある選手にとって安全に行えるというメリットがあります。ぜひ、取り入れてみてください。

体幹トレーニング②

体のバランスも同時に高める

グラグラしないように体勢を安定させる

体幹トレーニングは他にもいくつかバリエーションがあります。ここではディフェンス強化に直接的につながる「バランス」が求められるトレーニングを紹介しましょう。

【写真1】 両手を胸の前でクロスさせ、ひざを真っすぐにしてのばします。腹筋を中心に体幹が鍛えられるだけでなく、あげている足のトレーニングにもなっていま

TEAM RULE 普段使わない筋力を高める

このように体をひねるような体勢を、普段の生活でとることはほとんどありません。いつも使われていない筋肉だからこそ、そこをトレーニングすることによって体力が向上します。最初はきついかもしれませんが、地道にトレーニングすることによって鍛えられ、トレーニング効果を体感できるはずです。

右ひじと左ひざを、左ひじと右ひざをつける

3

す。体幹と下半身を同時に鍛えることで体に一本の線を通すイメージです。大事なのは体が安定しづらいからといって、手やひじをフロアーにつけないこと。バランスを意識することがポイントです。ただし初めて取り入れる選手は、お尻の下に両手を敷いて行ってもOKです。正しい姿勢で10秒からスタートして、少しずつ秒数をのばしていきましょう。

【写真2】 次に片足をあげ、左右のひざの高さがそろった状態を維持します。支点が首と片方の足裏となり、バランスをとるのが難しいです。グラグラしないように注意してください。

【写真3】 右ひざと左ひじをつけ、右手を真横に伸ばした姿勢を10秒間維持します。背中を支点とした この状態を逆側も行います。

体幹トレーニング③

プッシュアップで手や腕を強化する

スティール、バンプリバウンドにも好影響

ディフェンス＝フットワーク、と思われがちですが、手や腕を鍛えるトレーニングも強化につながります。相手のボールをスティールする瞬間のスナップの速さ、相手とコンタクトする際の腕の強さ、そしてリバウンドボールを取って巻き込む際にも手や腕の強さが必要です。そこで「プッシュアップ」、すなわち腕立て伏せを取り入れるようにしましょう。

TEAM RULE 3ポイントシュートにもつながる

プッシュアップはオフェンス力の強化にも当然つながります。たとえばシュート力。ボールを飛ばすには「スナップの速さ」が欠かせません。まるでむちを打つように、手首や指を素早く動かせることによって3ポイントシュートが決まるようになることを覚えておきましょう。

【写真1】 体が真っすぐな正しい姿勢でまずは10回を3セット、腕立て伏せをします。これだけでも最初はきついはずですが、慣れてきたら回数を増やすとともに「指立て伏せ」にも少しずつ挑戦してみましょう。

【写真2】 腕立て伏せの姿勢から、瞬発力につながるバネを強くしていきます。両足をフロアーにつけたまま体の前で両手を叩いて、元の姿勢に戻ります。5回くらいから始めてみましょう。

【写真3】 さらに難しいトレーニングです。背後で両手を叩いて元の状態に戻ります。これも5回くらいから始めてください。ただしけがをしないように、（写真1の）腕立て伏せに十分に慣れてから取り入れることをお勧めします。

フットワーク①

センターサークルを使ったサイドステップドリル

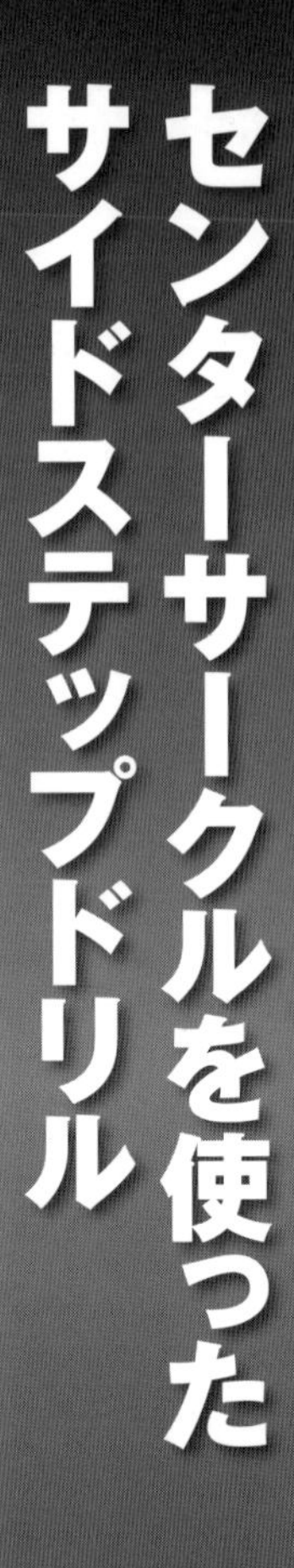

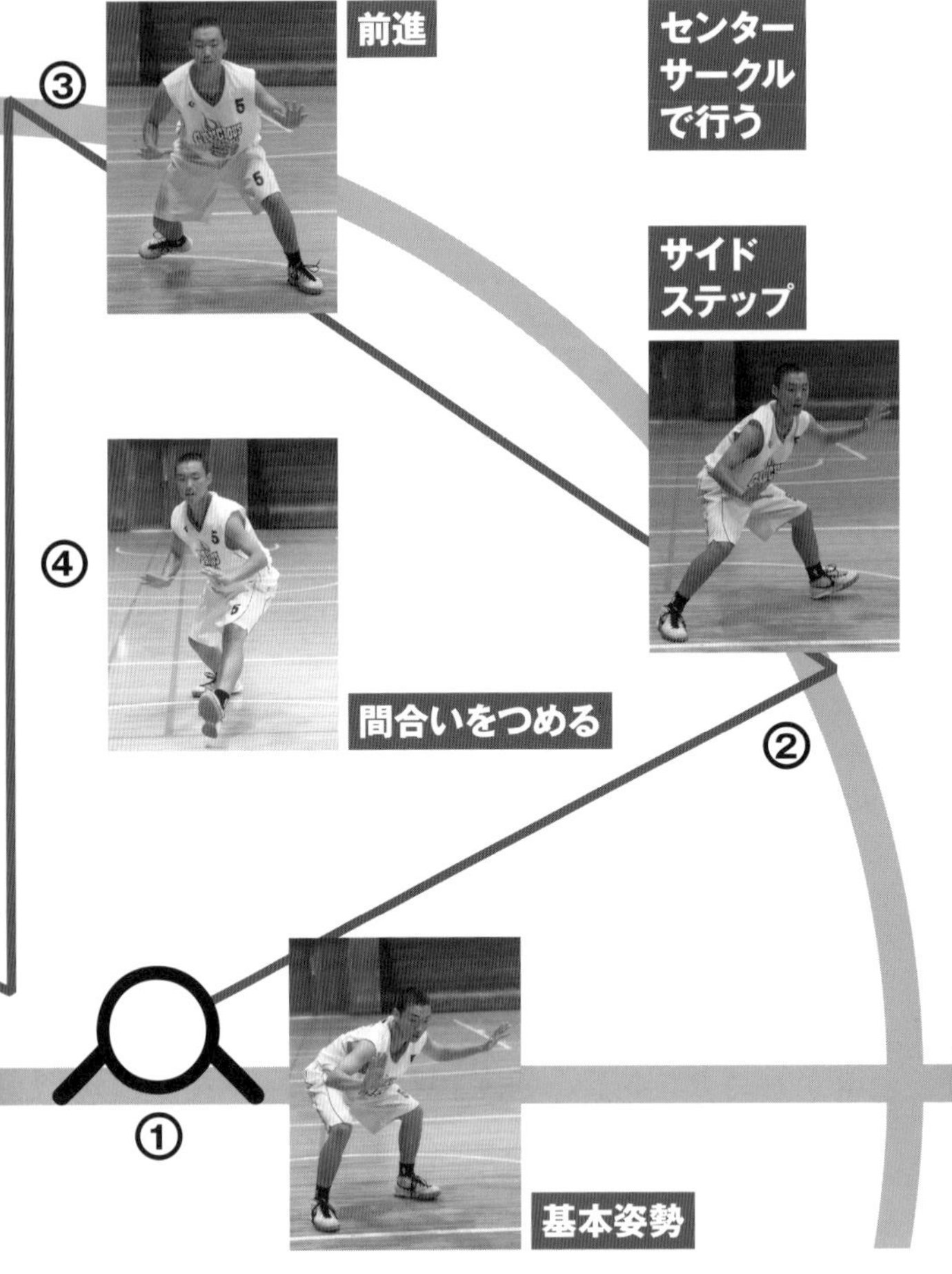

声を出し気持ちを込めて練習する

コート上に引かれたサークルの半円を使ったサイドステップのドリルです。写真と図内の番号を合わせて見ていきましょう。

[写真1] ディフェンスの基本姿勢をとります。

[写真2] 進行方向の左足からサイドステップを踏みます。

[写真3、4] 相手との間合いをつめるイメージで、スタンスを広げたまま前進します。

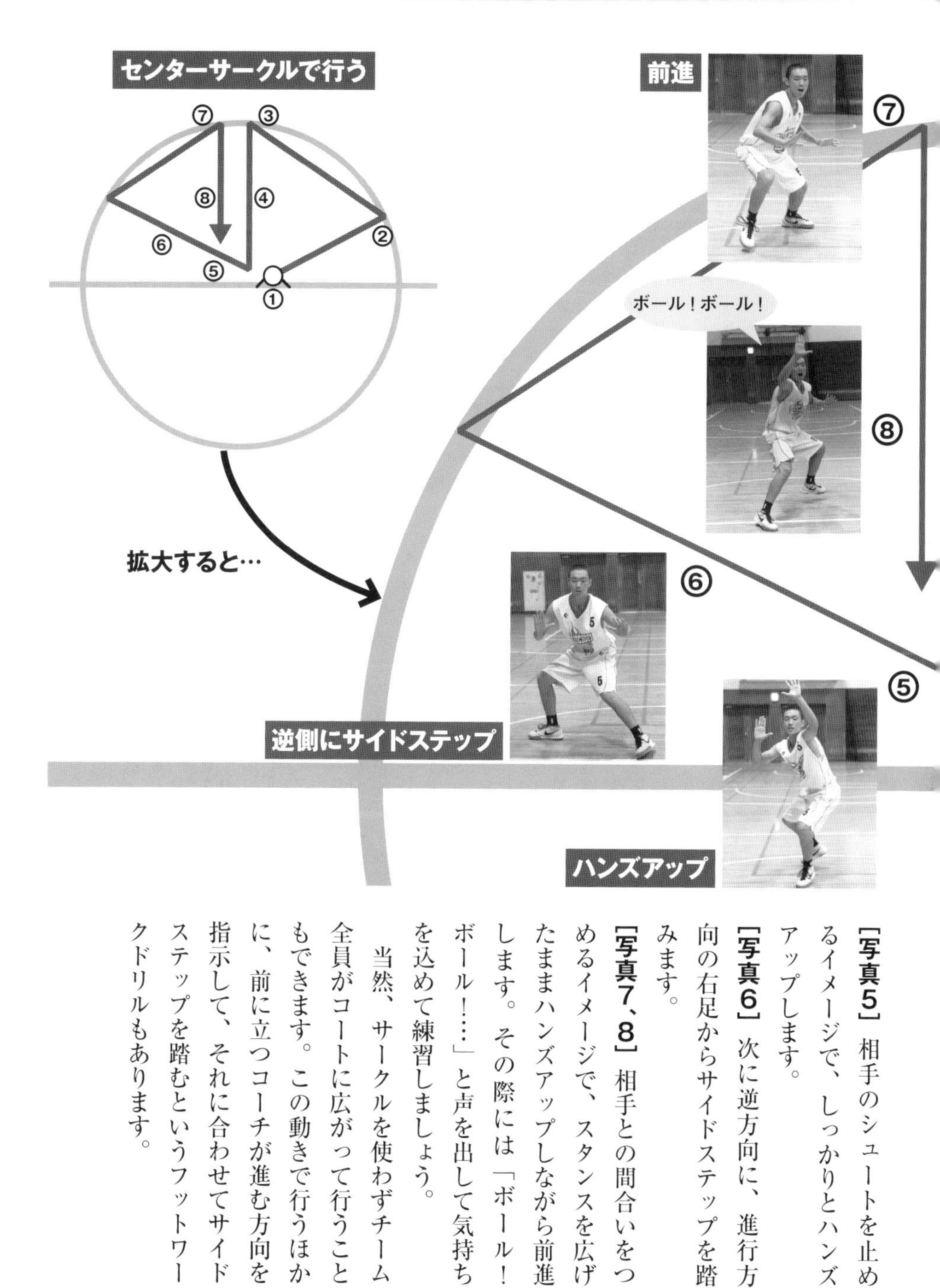

［写真5］ 相手のシュートを止めるイメージで、しっかりとハンズアップします。

［写真6］ 次に逆方向に、進行方向の右足からサイドステップを踏みます。

［写真7、8］ 相手との間合いをつめるイメージで、スタンスを広げたままハンズアップしながら前進します。その際には「ボール！ボール！……」と声を出して気持ちを込めて練習しましょう。

当然、サークルを使わずチーム全員がコートに広がって行うこともできます。この動きで行うほかに、前に立つコーチが進む方向を指示して、それに合わせてサイドステップを踏むというフットワークドリルもあります。

フットワーク②

サイドステップからクロスステップへの移行

サイドラインを超えたらリバースターンを踏む

相手のスピードドリブルにクロスステップで追いつき、サイドステップに切り換えて対応するシーンを想定したフットワークドリルです。ハーフコートを大きく使うことによって体力面を向上させられます。写真と図内の番号を合わせて見ていきましょう。

【写真1】 クロスステップで相手のスピードドリブルに追いつくことをイメージします。

TEAM RULE ラインを必ず超える

このようなドリルでは、決められたラインを必ず超えることが大事です。サイドラインを超える前に、30cm手前でリバースターンを踏むなどさぼる気持ちは試合でも出ます。つまりその30cmで相手に抜かれてしまうということです。ラインをしっかりと超えることをチームの約束事にしてください。

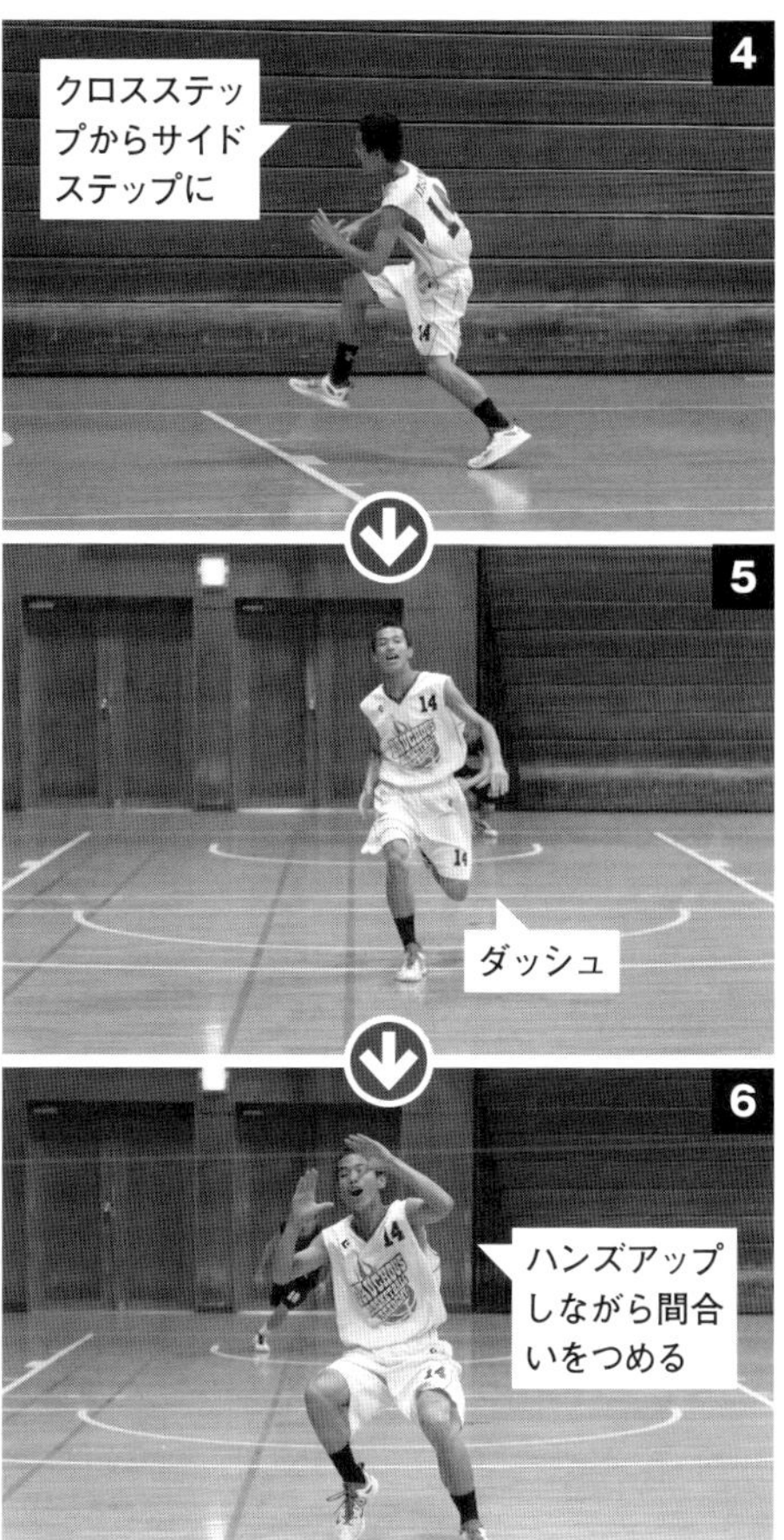

図1

【写真2】 サイドステップに切り換えます。
【写真3】 サイドラインを超えたらリバースターンを踏みます。この写真では右足をゴール方向に向けるような格好になります。この時に体が横に流れるなど、バランスが崩れないように注意してください。
【写真4】 方向転換してクロスステップからサイドステップへと切り換えます。
【写真5】 ゴール下まで達したらダッシュします。
【写真6】 相手がシュートを打とうとするシーンをイメージしてハンズアップし、小刻みなステップで止まります。そうしてハーフコートの逆側でも同じことを行いましょう。

フットワーク③

「速さ」を追求するラインドリル

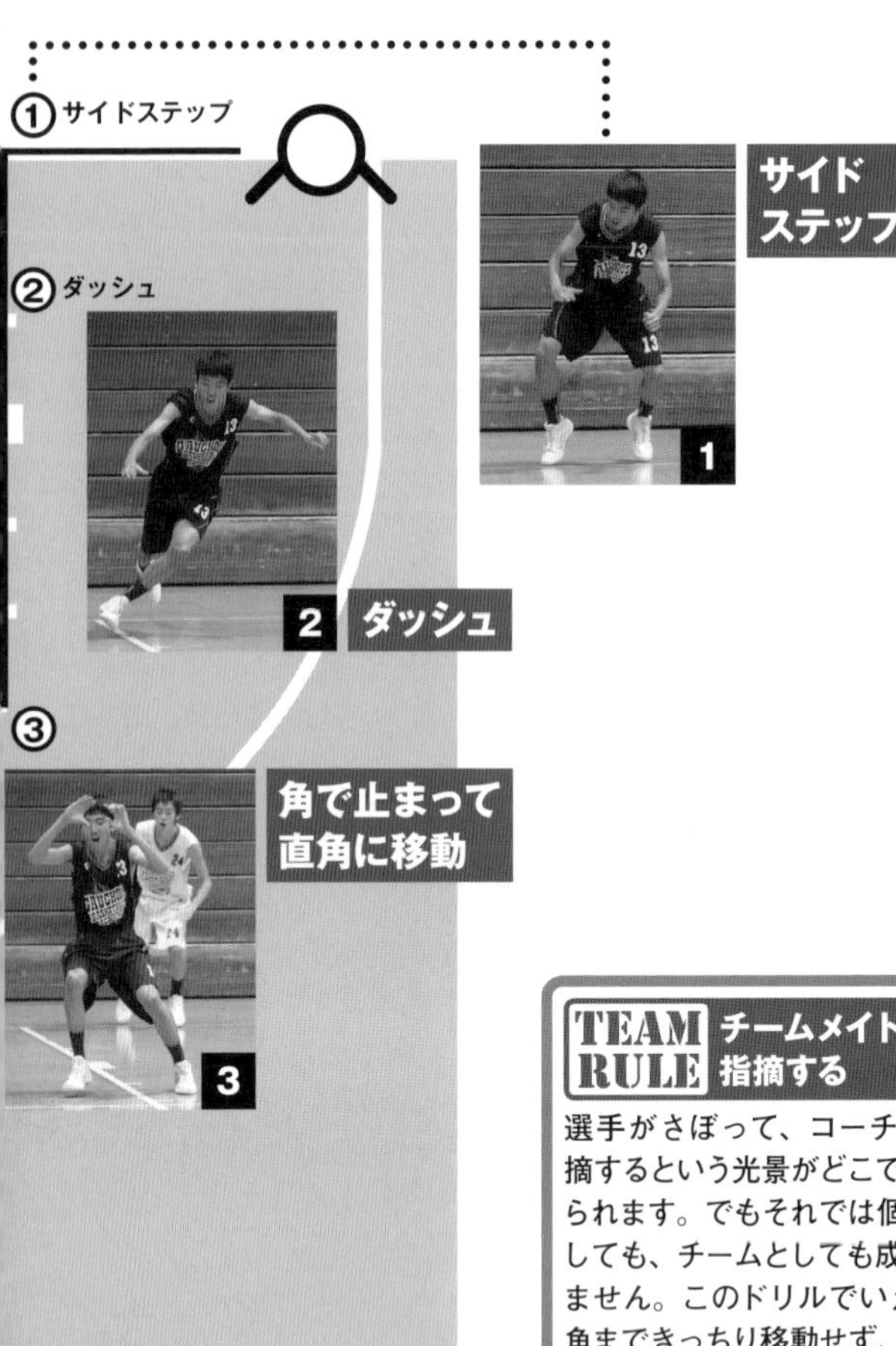

TEAM RULE チームメイトが指摘する

選手がさぼって、コーチが指摘するという光景がどこでも見られます。でもそれでは個々としても、チームとしても成長しません。このドリルでいえば、角まできっちり移動せず、丸く移動しているチームメイトがいたら、「角!」と選手どうしで指摘し合えるかどうかです。

ライン上の角ー角ー角と直角に動いていくように

ベースラインや制限区域のラインなどを使ったフットワークドリルで、足を速く動かせることを目的としたドリルです。写真と図内の番号を合わせて見ていきましょう。

【写真1】 3ポイントラインとベースラインの接点からサイドステップでスタートです。

【写真2】 制限区域の角に達したら、フリースローラインに向かっ

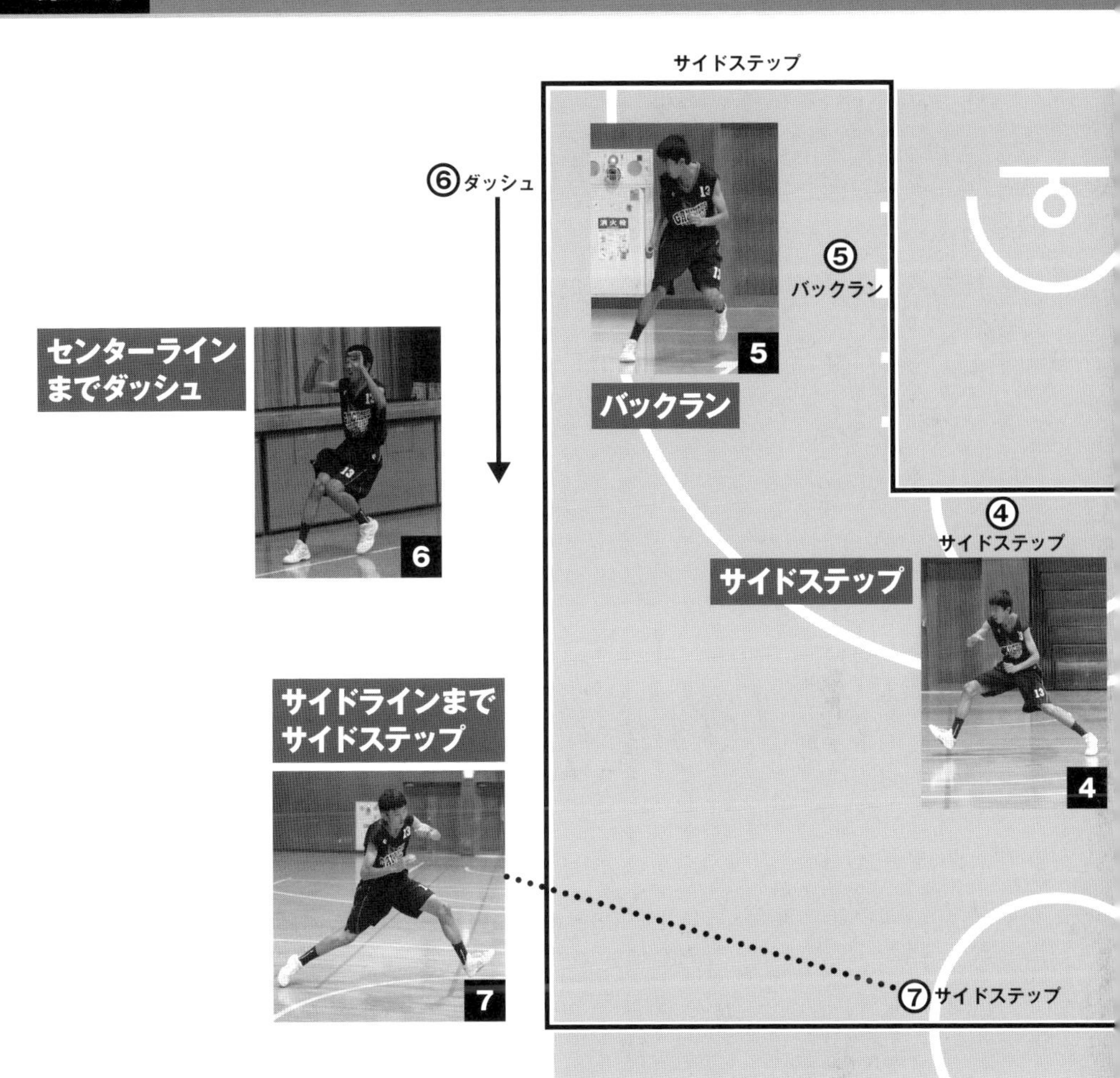

てダッシュします。

【写真3】フリースローラインの角でしっかりと止まります。

【写真4】フリースローライン上をサイドステップで移動します。

【写真5】フリースローラインの角に達したら、バックランでベースラインまで下がります。

【写真6】サイドステップでコーナーまで移動した後、センターラインの角までダッシュします。

【写真7】センターライン上をサイドステップで移動し、サイドラインに達するまで行います。

「速さ」を備えることを目的としたドリルですが、それを追求するために丸く回ろうとしてしまいがちです。各ライン上の角ー角ー角ー角と、直角に動いていくように心掛けてください。それによってトレーニング効果が上がります。

フットワーク④

ボールラインドリル

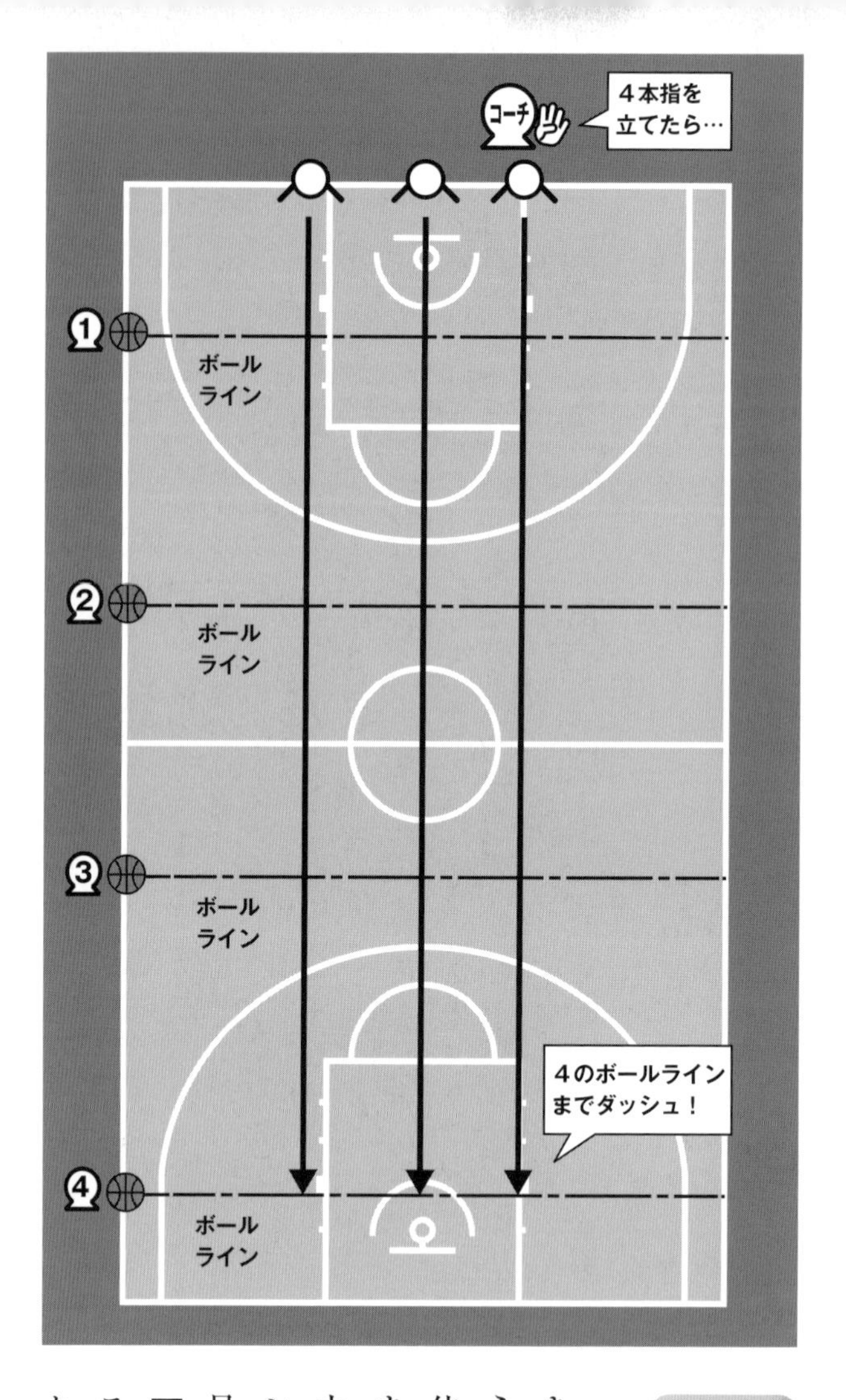

コーチが立てる指の本数をお互いに教え合って移動

　ボールの移動に応じて素早く動き、正しいポジションをとれるようにする練習です。ボールがある位置、すなわち「ボールライン」まで下がるのに必要な体力や瞬発力だけでなく、コミュニケーション能力も高まります。写真と図を見てみましょう。

【写真1】 練習する選手がベースラインに並び、コーチが指を1本か、2本か、3本か、4本立てま

TEAM RULE 実戦の状況を意識する

このドリルはオールコートでプレスしていて、相手にボールを飛ばされたシーンを想定しています。そこからパスが戻され、すぐに前進してプレッシャーをかけるシーンも含まれています。そのような実戦の状況を意識すると、練習でのモチベーションがさらに高まります。

す。オールコートに1～4それぞれの目印を置き、指の本数に従って1～4のボールラインまでダッシュします。写真や図のように、他の選手がボールを持って立つと、「ボールライン」を強く意識することができます。

[写真2] コーチの指は4本立っていたので「4」のボールラインまで走ってハンズアップした後、すぐにまたコーチの指を見ます。コーチはそれを声に出さず、選手は一斉に見て次に動くボールラインが何番かの情報をお互いに伝え合います。

[写真3、4] コーチが立てる指は2本なので「2」までダッシュしてハンズアップ。そしてコーチの指の本数をまた教え合って、次のボールラインに向かう流れを20秒間継続します。

クローズアウトドリル①

間合いを一気につめる技術と体力を向上

相手のベースラインドライブを想定する

ゴール近くでピストルポジションをとっている際、逆サイドからスキップパスが展開された時には、相手との間合いをつめる「クローズアウト」（44ページ）が必要となります。その技術を高めながら、体力も向上させられるトレーニングを紹介していきましょう。

【写真1】 左右のウイングに椅子（オフェンス役）を置き、左右同時にクローズアウトを行います。

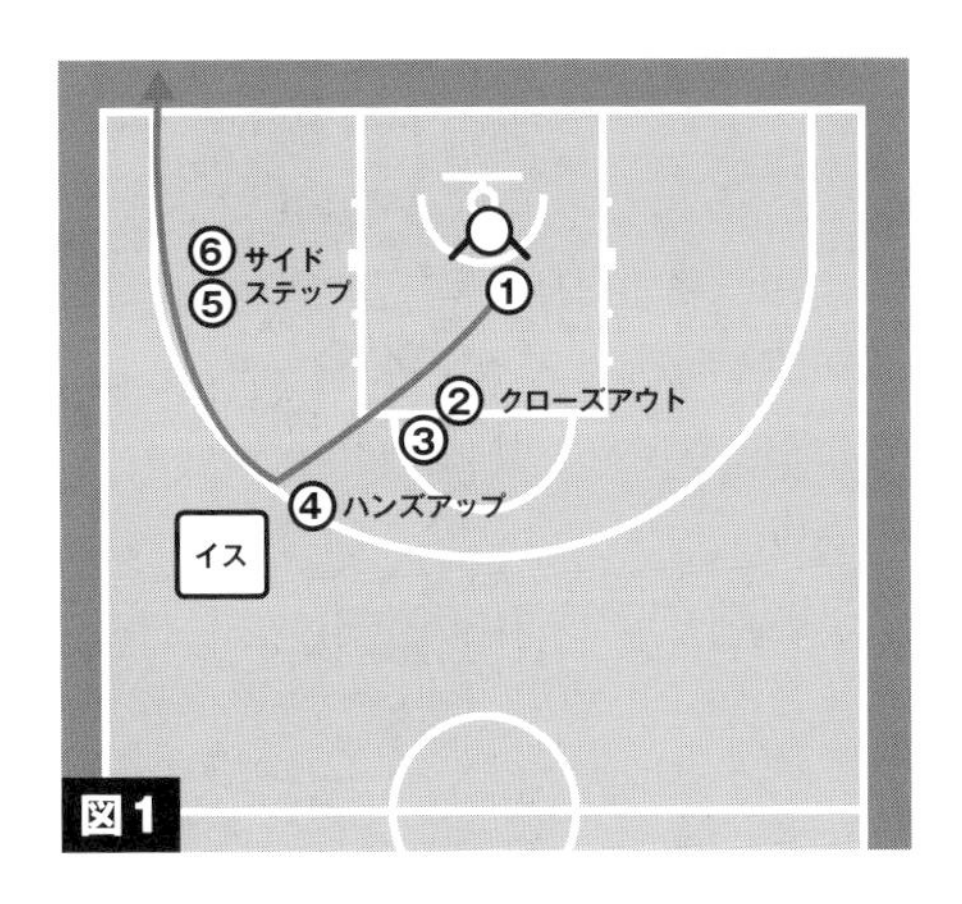

図1

4

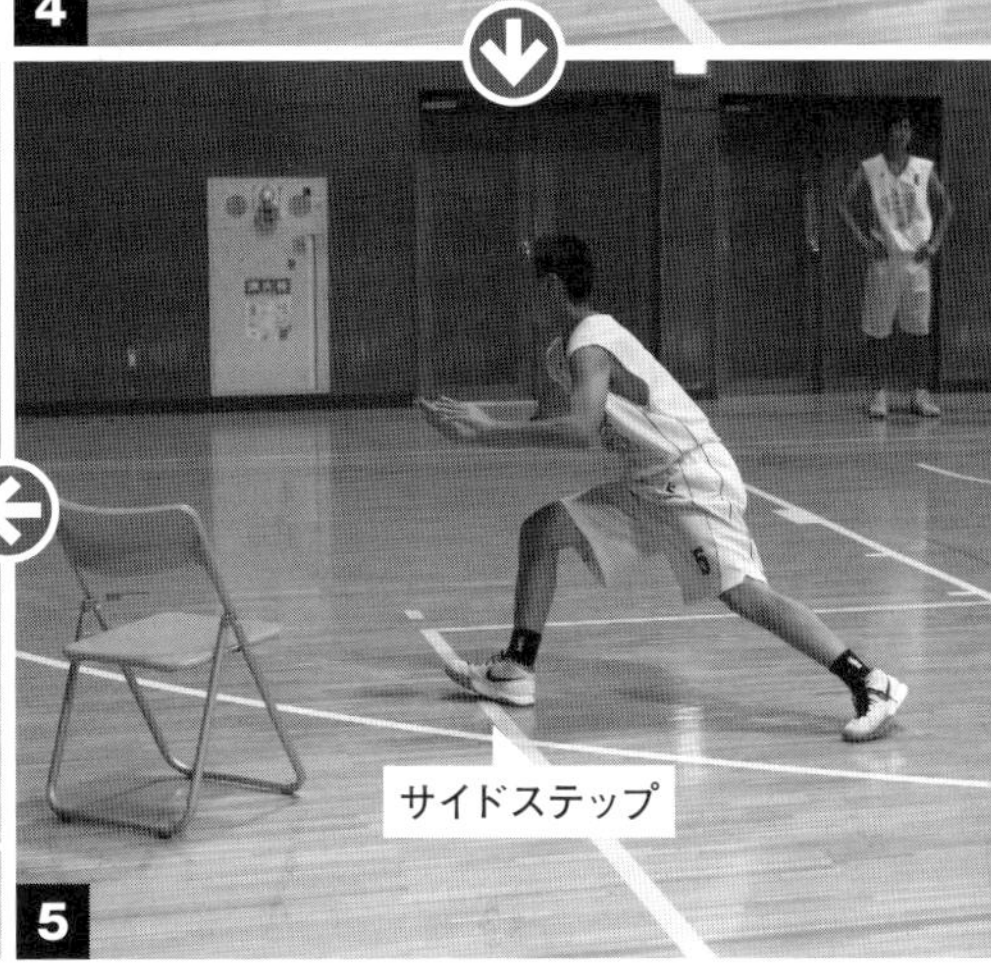

5

6

【写真2、3】 左サイドの選手で説明します。ゴール下からダッシュし、ミドルを止められるようにディレクション（方向づけ）しながら椅子（オフェンス）との間合いを一気につめます。

【写真4】 ハンズアップしながら小刻みなステップを踏み、椅子に近づきます。

【写真5】 オフェンスがベースラインドライブに移行したシーンを想定し、進行方向の足（写真では右足）を大きく踏み出しながら、サイドステップに移行します。

【写真6】 ベースラインを超えるまでサイドステップを継続します。

このクローズアウトドリルにはいくつかバリエーションがあるので、１７４ページから１７７ページまで順に試してみてください。

クローズアウトドリル②

リバースターンからクロスステップへの移行

クローズアウトしてすぐにピストルポジションに戻る

次に紹介するのは、クローズアウトした直後、すぐにまたピストルポジションに戻るシーンを想定したドリルです。172ページではコーナー方向にサイドステップで移動しましたが、ここではクロスステップからサイドステップに移行するのがポイントです。

【写真1】 クローズアウトします（172ページと同様）。

【写真2】 リバースターンを踏み

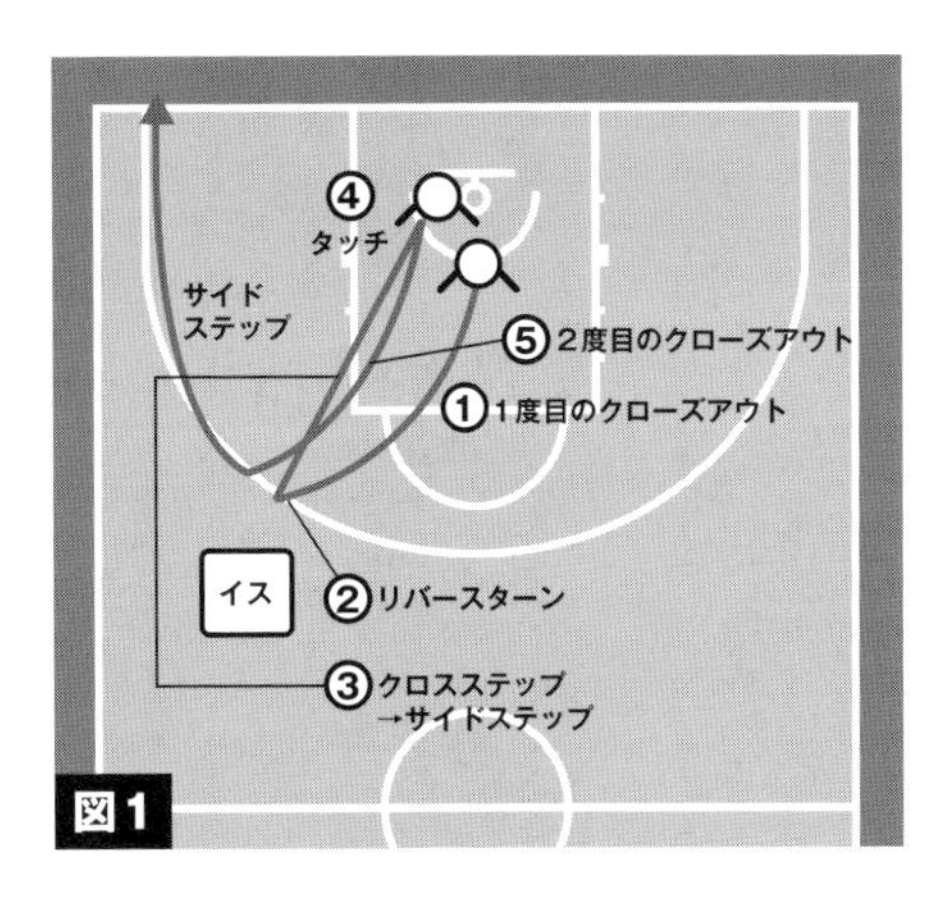

TEAM RULE クロスステップは3歩まで

このようなクローズアウトや、自分のマークマンを追いかける時などはクロスステップを有効に使えますが、そうしたケース以外で自陣では3歩以上のクロスステップは基本的に使わないことを意識してください。その3歩の感覚をつかむ意味でもこのドリルは効果的です。

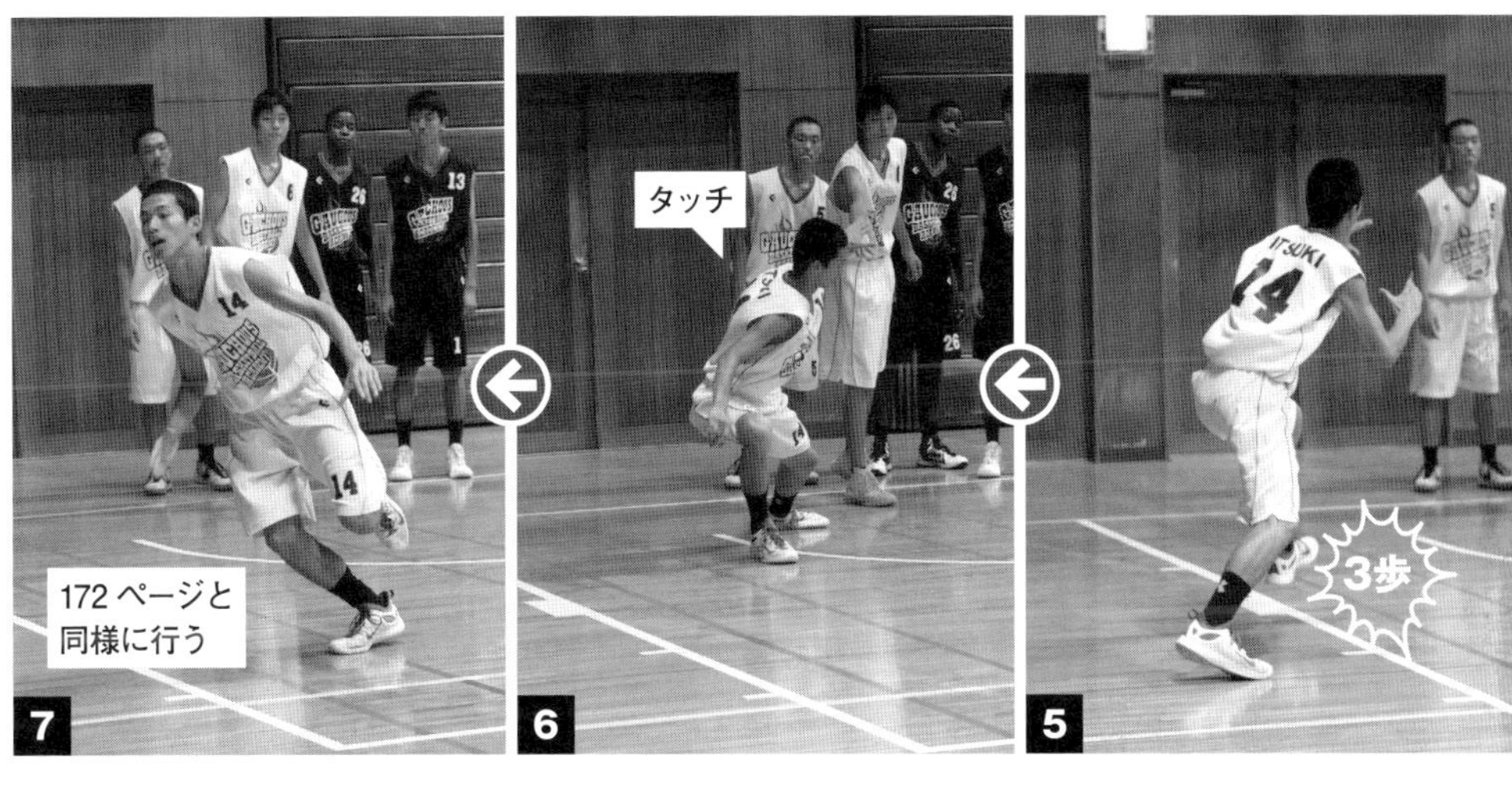

ます。つまり写真では左足をゴール方向に引き戻す恰好になります。

【写真3】 リバースターンの踏み込み足を一歩目にしてクロスステップに移行します。

【写真4】 クロスステップの2歩目を大きく踏みます。

【写真5】 3歩目を踏んだらサイドステップに移行します。

【写真6】 ピストルポジションに戻った証としてパートナーにタッチします。

【写真7】 再度クローズアウトした後は172ページと同様、相手のベースラインドライブを想定してサイドステップに移行します。

なおクロスステップは大きく素早く移動する際には有効ですが、ボールマンには抜かれやすいことを忘れないようにしましょう。

クローズアウトドリル③／④

アレンジしてレベルアップ！

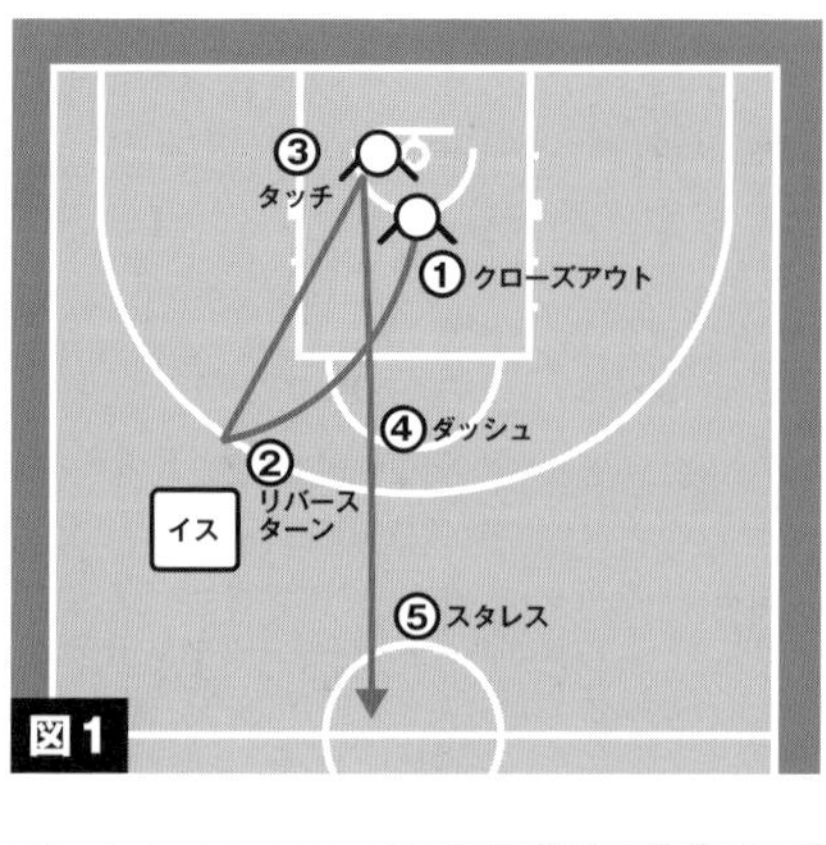

技術と体力をさらに高めていくドリル

攻防のレベルアップを図るうえで走り込みのトレーニングは欠かせません。しかしただ長い距離を走り込むより、クローズアウトドリルのようなメニューに重点を置くことによって、技術と体力を同時に高めていくことができます。そこでクローズアウトドリル①（172ページ）と②（174ページ）をアレンジし、さらなるレベルアップを図ります。写真と図

TEAM RULE ラインを超えるまで

このようなメニューが続くと疲れてきて、集中力が欠如してきます。そうならないようにみんなで声をかけ合い励まし合うこと。そして練習している選手は、決められたラインを必ず超えるようにしてください。写真2のドリルでいえば、最後しっかりとベースラインを超えて終わりとなります。

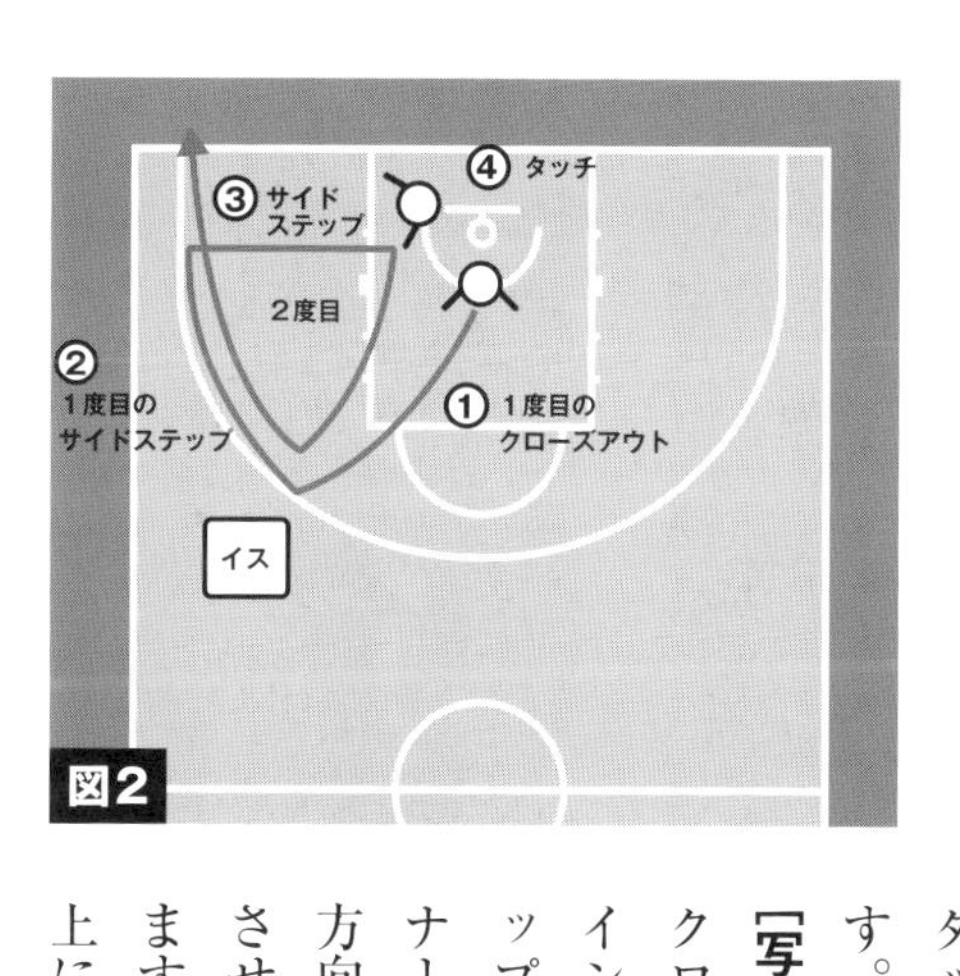

図2

を見ていきましょう。

【写真1】（174ページと同様に）クローズアウトしてからリバースターンを踏み、3歩のクロスステップからサイドステップに移行してパートナーにタッチします。そこからトップ方向にクローズアウトするイメージでダッシュします。長い距離を移動する意識を高めるため、センターサークルまでダッシュして、しっかり止まります。

【写真2】（172ページと同様に）クローズアウトしてからベースラインドライブに対してサイドステップで対応します。そのままコーナーのエリアまで達したらゴール方向にサイドステップを方向転換させて、チームメイトにタッチします。この流れを2周して体力向上につなげましょう。

足を速く動かせるようにする

後ろ向きと横向きに動くアジリティトレーニング

バスケットボールは、前後左右への素早い動きが求められます。特にディフェンスは、オフェンスに対応するため、より俊敏な動きが必要となります。そのように方向や速さにおいて自由自在に動ける能力は「アジリティ」と呼ばれています。前後左右のうち、「前」への動きに関して、（前ページまでの）クローズアウトドリルでも述べてきました。ここでは後ろに

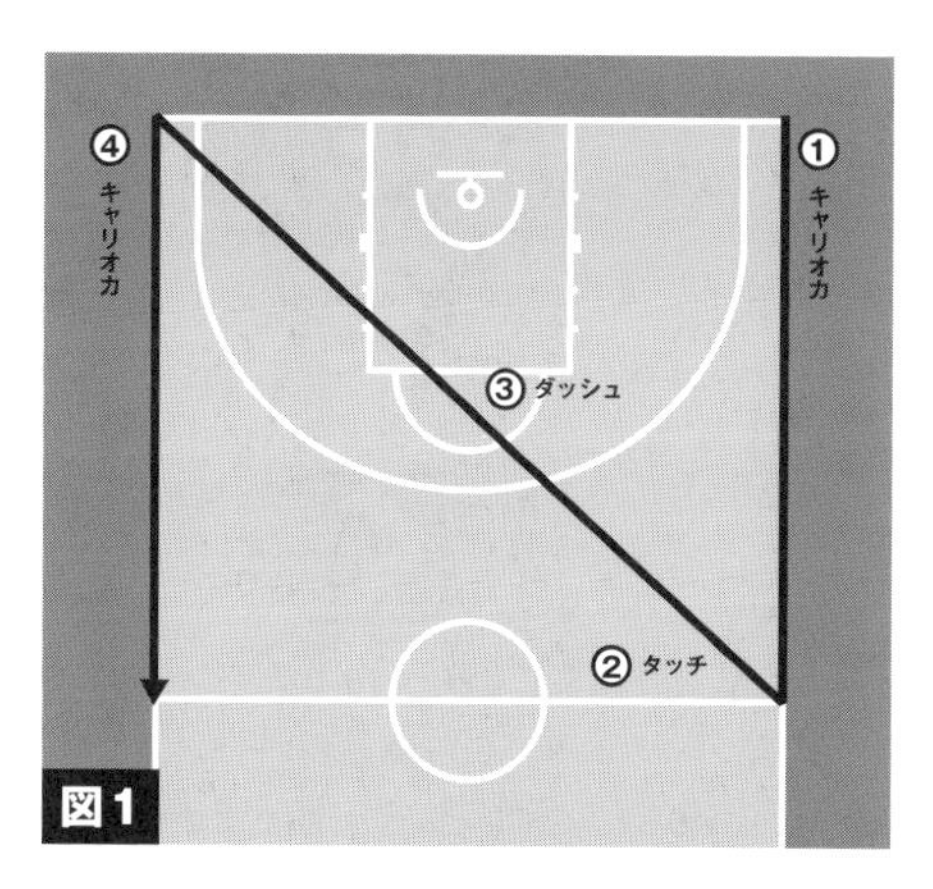

図1

2

下がりながら行うアジリティトレーニングと、横の動きを入れたアジリティトレーニングを見てみましょう。

【写真1】 ステップを素早く、そして細かく刻みながら、バックステップで移動します。まずはベースラインからセンターラインまで行ってみましょう。

【写真2】 次に紹介するのは「キャリオカ」と呼ばれているアジリティトレーニングです。横に進行方向の足（写真では左足）を進ませ、逆足（写真では右足）を前後交互に入れながら、素早く移動します。

図のように、ベースラインからセンターラインまで達したら、逆サイドのコーナーまでダッシュ。キャリオカを逆向きに行いながらセンターラインまで移動します。

アジリティトレーニング③
サイドステップからホップへの移行

ダッシュ

ホップ

ファウルをしないように間合いを調整する動き

実戦の動きを取り入れたアジリティトレーニングです。写真と図を見ていきましょう。

【写真1】 コーナーのエリアから逆サイドに向かって、ダッシュします。

【写真2】 制限区域を越えたあたりで、サイドステップに切り換えます。

【写真3、4】 サイドラインまで達したらしっかりと止まり、そのま

ま体をほんの少し浮かせながら下がります。この動きを「ホップ」といいます。試合でオフェンスに対してファウルをしないように、間合いを調整するフットワークです。

【写真5】 スタートしたサイドに向かってダッシュし、サイドステップに切り換えます。

【写真6】 サイドラインを超えたら、ホップを開始します。そのままセンターラインを越えるまで下がって終わりです。

このように長い距離を移動したり、疲れてくると体のバランスを維持するのが難しくなります。するとファウルにつながりやすくなるので、ホップを効果的に使いながらファウルトラブルを避けましょう。

対応ドリル①

「ミラードリル」で対応力をアップ！

背後のパートナーの動きにサイドステップでついていく

パートナーの動きに合わせて、サイドステップでついていくドリルです。お互いが向き合って行う方法もありますが、さらに難度を高めて背後にいるパートナーの動きを把握して、ついていくようにします。ボックスアウトなどの局面でボールとマークマン、両方を視野に入れられるようにするためです。

【写真1】 2人がベースラインで、

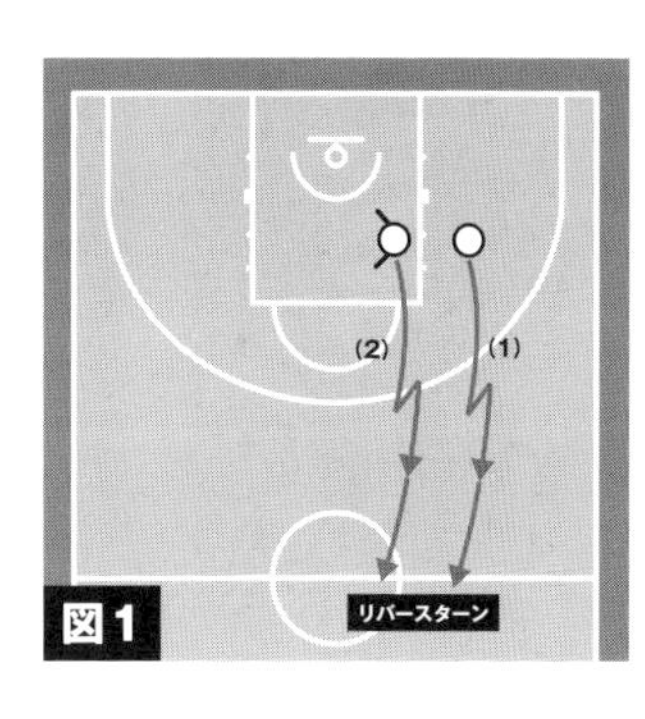

2メートルくらいの間隔をとって立ちます。そして前にいる選手（白）が、背後にいるパートナーの動きに合わせてサイドステップでついていきます。

【写真2、3】 パートナーが止まって戻ったら、その動きに対応します。

【写真4、5】 フェイクやスピードの変化にもしっかりと対応してついていきます。

【写真6】 センターラインまで達したら2人同時にリバースターンを踏んで体を反転させます。そうして練習の役割を交代して、逆側のベースラインまで行います。

疲れてくるとサイドステップの動きが乱れ、頭が上下動してしまうもの。最後まで低い姿勢をキープしてパートナーの動きについていきましょう。

対応ドリル②

「指示」に従ってコースに入る

パートナーが出す指示に対して直角になるように

オフェンスの動きに対応して、ディフェンスがしっかりとコースに入れるようにするドリルです。写真と図を見てみましょう。

【写真1】 2人がベースラインで2メートルくらいの間合いで立ちます。そしてパートナー（白）が出す指示にしたがってディフェンスは、サイドステップを踏んでしっかりとコースに入ります。

【写真2】 指示を出すパートナー

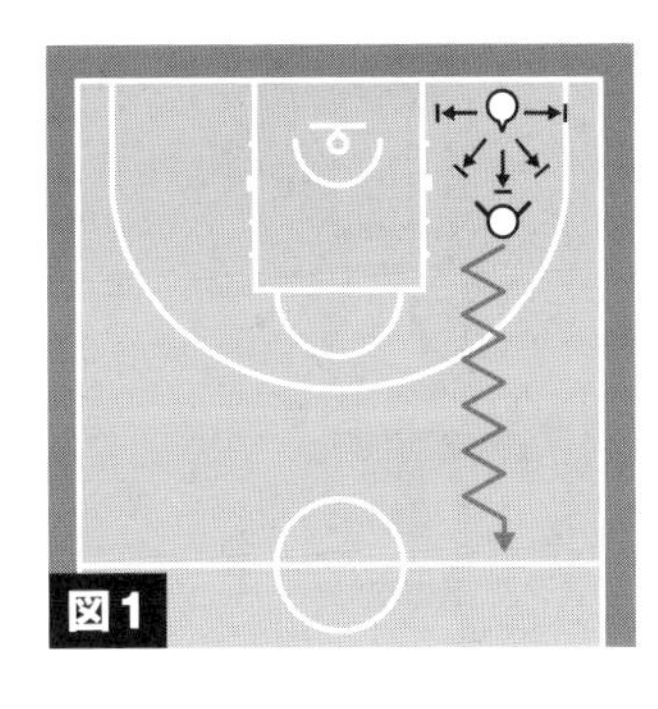
図1

は、正面、左右の斜め、左右の真横、合計5ヶ所に指示を出します（図1参照）。その指示に対してディフェンスは、自分の体が直角になるように、速やかにコースに入ります。

【写真3、4】 疲れてきても低い姿勢を維持し、頭が上下動しないように行います。センターラインに達したら、お互いに役割を交代して逆側のベースラインまで行いましょう。

このようなドリルを行うことによって、ゴールラインをおさえる意識だけでなく、ドライブに対してすぐにコースに入れる技術、さらにパスを出そうとする相手に対してパスカットを狙う技術にもつながります。

「トライアングルドリル」でV・P・Cを確認

ボールマンプレッシャーからピストルポジションへの移行

最後に紹介するのは、チームディフェンスの基本を備えられるドリルです。写真と図を合わせて見ていきましょう。

［写真1］ 3人が約5メートル間隔のトライアングル（正三角形）を作り、1人がボールを持ちます。そのなかにディフェンス2人が入り、1人はボールマンプレッシャーをかけます。もう1人はボールを持っていない2人をピストルポ

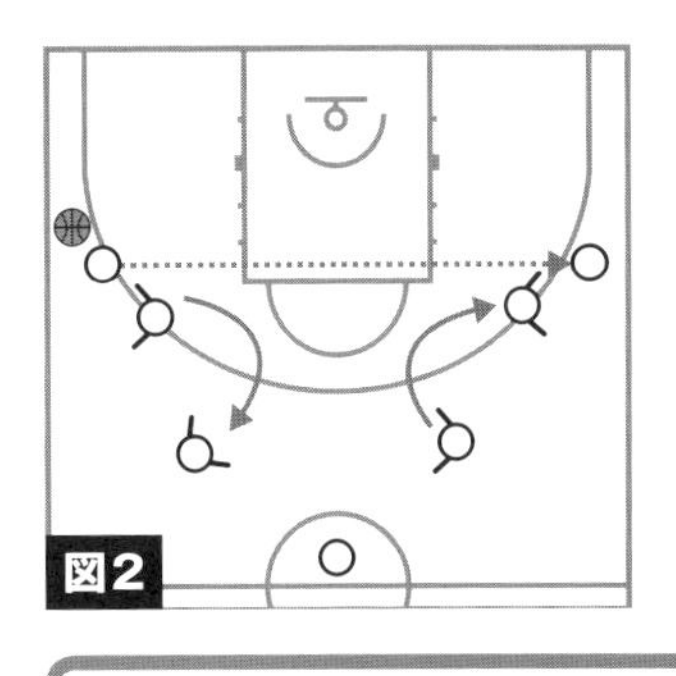
図2

TEAM RULE ボールマンから視野を切らない

ボールマンプレッシャーからピストルポジションに移行する際のリバースターンを強く意識してください。そこでフロント（前回りの）ターンをするとボールマンが見えなくなるからです。リバースターンを踏んでボールマンから視野を切らないことが、チームディフェンスを備えるうえで重要です。

図3

ジションでケアします。

【写真2／図1】 パスが渡ったら、ボールマンについていたディフェンスはリバースターンを踏んでピストルポジションに。もう1人がボールマンとの間合いをつめて対処します。

【写真3／図2】 ボールマンプレッシャーをかける選手は「ボール、ボール！」と声を出し、もう1人は「カバーOK！」と知らせて、コミュニケーションを図ります。

【写真4／図3】 まわりの3人はパスのスピードを速めたり、パスフェイクを使ってディフェンスを揺さぶりながらドリルのレベルを高めていきましょう。このドリルを通じて、ビジョン、ポジショニング、コミュニケーションを確認することができます。この「V・P・C」を大事にしてください！

おわりに

強固なディフェンスを「48秒間」継続できるようになってください!

今回紹介したディフェンス練習を年齢性別問わず、ぜひ取り入れてみて頂きたいと思います。個々に基本技術が、そしてチームとしての戦術が備わるはずです。あとは対戦チームの特性に応じて、5対5の実戦練習を通じて戦略へと発展させれば良いのです。

そのなかで私はよく攻撃の制限時間を「48秒」にして練習を行います。ルール上は24秒ですからその倍の時間、強固なディフェンスを継続できるように鍛えているわけです。

相手のボールを取る必要はありません。タイミングの良いシュートを打たれなければディフェンスの成功です。もし、確率の高いシュートチャンスを作られているようならチームディフェ

ンスのどこかに「ほころび」が生じています。その原因は何か、映像を見返すなどして技術面を修正することをお勧めします。

それと忘れてはならないのは「心」です。オフェンスは1人の選手の頑張りで得点できることが多いです。でもディフェンスは1人の頑張りだけでは足りません。それどころかたった1人がさぼっただけで、チームメイト全員の頑張りが無駄になってしまうことだってあるのです。

そうならないように普段から、まわりに「気配り・目配り」できるような人であってほしいと切に願います。バスケットボールはチームスポーツ。まわりへの心配りができてこそ、うまくなれるのです。その象徴的なプレーがディフェンスなのです。

目由紀宏

★チームプロフィール

バスケットボールアカデミー「ガウチョーズ」

創部年

2000年

創部のきっかけ

監修者である目由紀宏氏が日本代表としてプレーしていた当時、アジア選手権を突破できず、オリンピック出場の夢がかなわなかったことがきっかけ。日本のバスケットボールが世界で通用するためには、低年齢期からオフェンスとディフェンス、両面のスキル向上の必要性を強く感じたため。

チームスローガン

ファイティングスピリット

活動内容

月曜日から金曜日まで埼玉県、群馬県の男女中学生を対象に、バスケットボールの基本を指導。土曜日、日曜日にはクラブチームとして試合にも出場する。

主な戦績

全国ジュニアクラブ選手権優勝３回（男子２回、女子１回）。2014年には男女でアベック優勝を飾る。

選手数

約80人

ＯＢ／ＯＧ

プロチーム、実業団チーム、全国クラスの有力高校に多数のＯＢ・ＯＧを輩出している。

今後の目標

日本代表がオリンピックに継続して出場できるように貢献すること。

［撮影モデル］
ガウチョーズ男子チームの選手たち

［撮影協力］
ガウチョーズ

［撮影会場提供］
埼玉栄中学・高校
バスケットボール部

監督のメッセージ

ガウチョーズに所属する選手は、中学の部活のチームでもプレーしています。ですから、ガウチョーズで学んだことを中学の部活にも広めてほしい、というのが私の願いです。そして何よりクラブチームが存在する意味は、中学校の全国大会が終わってから卒業するまでの期間、練習する場所を提供することにあります。その期間は中学生にとって心技体すべてにおいて急成長する時期。にもかかわらず、多くの選手にとって練習する機会がほとんどないというのが現状です。そうした環境面が良い方向に向くように、中学校とコミュニケーションを図りながら、文武両道を続けられるように指導しています。そのなかで大事にしているのは、選手の表情をよく見て厳しさと愛情を向けること。日々の練習が選手を一人の人間として立派に成長させ、ひいてはバスケットボールの普及につながることを願っています。

監修者プロフィール

目　由紀宏（さっか　ゆきひろ）

（東洋大学バスケットボール部監督／ガウチョーズ監督）

秋田県立能代工業高校の選手として７度の全国制覇。日本大学を経てトップチームで活躍した実績が高く評価され、日本代表のシューターにも抜擢された。現在はバスケットボールアカデミー「ガウチョーズ」監督。同チームの教え子が全国制覇した他、自身、埼玉県選抜男子チームのコーチとしてジュニアオールスターで準優勝に輝いた。また東洋大学バスケットボール部監督を務め、チームを飛躍的に成長させている。

STAFF
編集　渡辺淳二
写真　小林　学
本文デザイン　上筋英彌・上筋佳代子（アップライン株式会社）
カバーデザイン　柿沼みさと

パーフェクトレッスンブック
バスケットボール　試合で勝つチームディフェンス

監　修　目　由紀宏
発行者　増田義和
発行所　株式会社実業之日本社
〒104-8233　東京都中央区京橋3-7-5　京橋スクエア
[編集部]03(3562)4041　[販売部]03(3535)4441
振　替　00110-6-326
実業之日本社ホームページ　http://www.j-n.co.jp/

印　刷　大日本印刷株式会社
製本所　株式会社ブックアート

ISBN978-4-408-45582-2

1601(01)